인생철학자와 함께한 산책길

세상에 휘둘리지 않고 살아가는 노학자 6인의 인생 수업

인생철학자와 함께한 산책길

세상에 휘둘리지 않고 살아가는 노학자 6인의 인생 수업

© 정구학, 2022

펴낸날   1판 1쇄 2022년 12월 15일

지은이   정구학
펴낸이   윤미경

펴낸곳   (주)헤이북스
출판등록   제2014-000031호
주소   경기도 성남시 분당구 황새울로 234, 607호
전화   031-603-6166
팩스   031-624-4284
이메일   heybooksblog@naver.com

책임편집   김영회
디자인   류지혜
찍은곳   한영문화사

ISBN   979-11-88366-41-5 03190

인생철학자와 함께한 산책길

세상에 휘둘리지 않고 살아가는 노학자 6인의 인생 수업

정구학 인터뷰집

이시우 천문학자 · 강신익 의철학자 · 조장희 뇌과학자
백종현 칸트철학자 · 윤석철 경영과학자 · 이어령 문학평론가

헤이북스

인터뷰어의 말

돛단배를 타고 가다가 망망대해에서 풍랑을 만난다면 어떻게 해야 할까? 하늘을 보고 기도부터 해야 할까? 나침반을 보면서 육지와의 최단 방향으로 뱃머리를 돌려야 할까? 수만 가지 생각이 머리에 떠오르며 출렁이는 파도 속에서 운명을 가를 판단을 해야 한다. 우리의 삶은 매일 이런 순간을 맞는다. 이럴 때 판단을 내릴 기준은 뭘까? 숲속의 두 갈래 길에서 후회하지 않을 선택을 하려면 근본과 기본을 알아야 한다. 그런 깨달음이 거창하게 말해 '철학'이다.

대학 졸업 후 신문기자 생활을 30년 넘게 했다. 취재 현장에서 많은 사람을 만나고, 그들의 희로애락도 들어봤다. 나나 그들이나 모두 능력에 비해 과분한 행운을 얻기도 하고, 거꾸로 의지와는 무관한 일을 겪기도 했다. 인생을 많이 살지는 않았지만, 주변을 둘러보면 모두들 울퉁불퉁한 인생의 굴곡을 지나 다행히도 문명의 혜택을 누리는 오늘을 살고 있는 듯하다.

이 시점에서 나와 우리를 한 번 관찰해보자. 마치 남산에 올라 먼발치에서 일상적인 삶의 세계로 북적이는 서울 시내를 바라보듯 말이다. 때로는 망망대해에서 풍랑을 만난 돛단배처럼 삶에 위기가 닥쳐 혼란스럽고 힘들다. 그때마다 '왜 사는가'에서 '어떻게 살아야 하는가'로 고민은 고민을 낳고 방황하기 일쑤다. 고비 때마다 내 삶에 길잡이 역할을 해준 이들이 바로 '세상에 휘둘리지 않고 자기 인생을 살아가는 어른들'이었다. 그들의 삶 자체가 내게는 큰 교훈이었고 인생의 지도였다.

마침 다니던 신문사에서 '그 어른들'을 인터뷰할 기회를 만들었다. 예전부터 궁금했던 질문들에 대한 답을 구하려고 했다. '왜 태어나는가, 왜 살아가는가, 어떻게 살아야 하는가, 무엇을 위해 살아야 하는가' 등이다. 인터뷰 방식도 찻집에 앉아 구태의연하게 하지 않고, 공원이나 둘레길에서 만나 산책 인터뷰를 진행했다. 왜냐하면 길을 걸으면 생각이 깊어지기 때문이다. 자신과 대화할 수 있어서다. 때론 고민하고 뾰족한 답을 찾지 못할 때가 많다. 그래도 번민을 정리할 수 있어서 좋다. 걸을 때의 만족감이다. 걷다 보면 생각의 원초를 거슬러 올라간다.

인터뷰는 그 어른들과 함께 길路을 걸으며 또 하나의 길道을 깨닫는 여정이다. 매일 오후 똑같은 시간에 공원을 산책했던 철학자 칸트가 '감성→지성→이성'의 단계적 사고 체계를 정리했듯이 인터뷰는 '걷기→생각하기→이끌어내기'의 지적 탐험이다. '걷는 자만이 생각할 수 있다'는 명제를 생각하며 한국의 최고 지성들과 산책 인터뷰를 진행했다. 이 책은 당시 신문에 지면 제약으로 싣지 못했던 폭넓은 주제와 깊이 있는 사유의 내용을 총망라하여 보완한 것이다. 더불어 독자의 이해를 돕기 위해 여러 주석을 달았고, 시기적으로 오래된 내용은 최신 정보로 바꾸었다.

첫 번째 산책 인터뷰에서 만난 이시우 천문학자의 인생 수업은 독자들이 다소 생소해 할 수도 있다. 천문학을 불교적 관점에서 해석했기 때문이다. 인문학의 눈으로 자연과학을 바라본 것이다. 우주 빅뱅 이후 지구의 생성과 생물체의 진화, 인간의 출현 등을 통해 인간이 어디서 왔는가를 탐색하는데, 우주와 인간 사회의 연결 원리를 불교 철학적 관점에서 바라본다.

그는 '우리는 모두 별에서 왔다'고 말한다. 인간과 지구와 태양의 구성 성분을 놓고 초신성이 폭발하면서 방출된 물질에서 나온 것이라고 한다. 별은 한마디로 부처라면서, '무위無爲로 자연에 순응하며 사는 것'이 별이 알려주는 철학이라고 그는 강조한다. 그래서 끊임없이 채우려는 인간들은, 별처럼 조절하며 살아야 한다.

두 번째 산책 인터뷰는 별에서 온 우리의 몸에 관한 인생 수업이다. 강신익 의철학자는 우리 몸이 얼마나 불완전한 진행형인지를 알게 해준다. 우리 몸은 신이 빚은 목적물이 아니라 '불완전한 생물체'라고 말한다. 그는 인간의 몸은 누더기라며, 문명의 발전에 따라 그때그때 적응해왔을 뿐 몸 상태는 아직도 수만 년 전 수렵채취 시대의 것이란다.

수명이 늘어난 것은 의학만이 아닌 위생·영양 덕분이라고 말한다. 하지만 지나친 위생은 독毒이라며 면역력이 강하면 세균도 더 강하게 공격한다고 그는 역설적으로 설명한다. 세균 같은 미생물과 친해져야 몸이 세균에 적응해져서 더 건강해진다고 한다. 또한 아프다는 것은 인간의 입장에서 해석한 것이라며, 자연은 여기에 관심이 없다고 말한다.

세 번째 산책 인터뷰는 더 깊이 들어간다. 몸과 행위를 지배하는 뇌의 작동 원리를 알아보는 인생 수업이다. 우리의 뇌는 전두엽과 변연계에서 왜 이성과 감정이 공존하도록 작동하고 있는가를 살펴볼 것이다. 조장희 뇌과학자는 한마디로 뇌는 '감정을 집어넣은 컴퓨터'라고 정의하며, 인간의 생각 90%가 감정이기 때문에 감정을 조절하는 절제력을 키워야 한다고 강조한다.

그는 뇌도 근육처럼 기능을 향상시킬 수 있다고 말한다. 걷기와 달리기는 뇌에 산소와 영양분을 공급해서 기억력 향상에 도움이 되지만, 술을 마시면 비교·판단·예측하는 전두엽 기능이 꺼져간다고 경고한다. 뇌는 나이 듦이 아니라 쓰지 않을수록 쇠퇴하기 때문에 여든이 넘어서도 머리를 많이 쓰면 젊은이 못지않게 뇌 활동을 할 수 있다고 말한다.

네 번째 산책 인터뷰는 전공자도 이해하기 어려운 칸트의 철학을 비교적 쉽게 배우는 인생 수업이다. 백종현 칸트철학자는 근대철학을 개척한 칸트가 추구하는 인간의 감성-지성-이성은 무엇이며, 우리가 정신적으로 추구해야 할 가치는 행복이 아닌 '인간의 존엄성'임을 알려준다.

칸트철학은 모든 것을 이익으로 계산하는 공리적 가치관이 팽배한 지금에 시사하는 바가 크다. 인간의 존엄성은 교환가치가 성립이 안 되는 '대체 불가'에 있다는 것이다. 또 행복 추구가 도덕과 충돌할 때는 행복을 피해서 도덕을 우선시하라는 게 칸트가 지향하는 철학이라고 그는 강조한다.

다섯 번째 산책 인터뷰는 인문학과 과학을 두루 섭렵한 윤석철 경영과학자가 들려주는 '통섭의 지혜'에 관한 인생 수업이다. 그는 복잡하게 사는 현대인들이 강해지려면, 거꾸로 단순화하라고 강조한다. 개인은 물론 연인 사이에서도 마찬가지다. 조직 사회 등도 이 원칙을 추구해야 비로소 효율성을 높일 수 있다고 한다. 즉 복잡한 것은 약하고, 단순한 것은 강한게 경영의 이치라고 그는 말한다.

경영자로 크기 위해서는 고객의 필요·아픔·정서를 읽어내는 감수성을 키우라고 역설한다. 또한 내일의 목표를 달성하기 위해서는 오늘의 에너지를 축적하며 반드시 기초 체력을 다진 뒤 전술훈련에 매진하라고 당부한다.

마지막 산책 인터뷰는 데카르트 이후 발전해온 서양 위주의 과학과 자본주의가 놓친 '생명자본주의'에 관한 인생 수업이다. 지금은 고인이 되신 이어령 문학평론가는 물질 환원주의인 서구 사회가 문명 발전에 기여는 했지만, 세상이 과학만이 아닌 정신적인 조화를 꾀해야 인류가 발전할 수 있다고 말했다.

그는 과학자 뉴턴을 '바보'라고 말한다. 사과가 떨어지는 중력의 법칙은 알았지만, 사과씨앗이 중력을 거슬러 하늘로 올라가는 생명의 법칙은 몰랐다는 이유에서다. 과학은 '어떻게'는 설명하지만, '왜'라는 물음에는 설명을 못한다고 그는 지적한다.

독자들은 이 책을 읽고 나면 노학자이자 인생철학자인 6인이 공통적으로 말하는 메시지를 만날 것이다. 그들이 걸어온 인생 탐구의 길은 각각 달랐지만 한곳에서 만나기 때문이다. 인생이라는 망망대해에서 풍랑을 만날 때 먼저 자신을 들여다봐야 한다. '자기가 살아온 삶을 이해하고, 지금의 삶을 인정할' 용기를 내야 한다. 그러면 비로소 세상에 휘둘리지 않고 온전히 자기 삶을 살아갈 수 있다는 좌표와 진리를 깨닫게 된다.

그들 역시 삶의 세파 속에서 힘든 고비를 맞았고 역경을 겪었다. 하지만 자신들이 처한 상황을 객관적으로 관찰하면서 인정하기 싫은 자신의 삶도 자연의 섭리로 받아들였다. 자신의 삶을 있는 그대로 이해하기 시작한 순간, 자아가 보였다는 것이다. 자신을 인정할 수 있었기 때문이다. 거울 앞에 보이는 자화상을 인정하고 자신의 삶을 받아들이는 것은 말처럼 쉬운 일이 아닐 것이다. 이 인터뷰집을 통해 부디 독자들도 자기의 삶을 들여다보면서 이해하고 인정하기를 바란다. 그리하여 세상에 휘둘리지 않고 온전히 자기 삶을 살아가길 바란다.

끝으로, 대학 때부터 모자란 나를 정성 다해 챙겨준 아내(언영)와 집안에 행복을 안고 온 쌍둥이 아들(규영)과 딸(소영)에게 무한한 고마움을 표한다. 아울러 졸고를 출판으로 이끌어준 윤미경 헤이북스 대표와 김영회 편집장에게도 감사의 말씀을 드린다.

2022년 11월 어느 날 새벽,
힘들 때마다 힘을 채워준 남산을 오르며
정 구 학

차 례

자연 그대로의

별처럼 살아가요

이시우 천문학자

이시우 천문학자

1938년 대구에서 출생했다. 서울대학교 천문학과를 졸업하고, 동 대학원에서 이론물리학 석사 학위를 받았다. 유학을 떠나 미국 웨슬리언대학교에서 천문학 석사 학위를, 오스트레일리아국립대학교에서 관측천문학 박사 학위를 받았다.

경북대학교와 서울대학교에서 천문학 교수를 지냈고, 한국천문학회 회장을 역임했다. 현재 서울대학교 물리천문학부 명예교수, 한국과학기술한림원 회원으로 있다.

지은 책으로 《화엄법계와 천문학》,《금강경과 천문학》,《연기와 우주인드라망》,《직지, 길을 가리키다》,《붓다의 세계와 불교 우주관》,《별처럼 사는 법》,《천문학자, 우주에서 붓다를 찾다》,《금강경의 비밀》,《인생》,《천문학자와 붓다의 대화》,《별을 보면 법을 보고 법을 알면 별을 안다》,《우주의 신비》,《똥막대기》,《별과 인간의 일생》,《태양계 천문학》,《은하계의 형성과 화학적 진화》 등이 있다.

'나는 어디에서 왔을까? 또 어디로 가는 걸까?'

철학에 대한 물음은 자아를 찾는 데부터 출발한다. 우리는 약 150억 년 전 빅뱅Big Bang으로 우주가 탄생해 수많은 생명체의 진화를 거쳐 온 지구에서 지금 살고 있다. 우리의 조상을 찾는 일은 설레는 과정이다. 우주의 족보를 캐다 보면 우리가 지금 어느 단계에 와 있으며, 앞으로 어느 방향으로 가는지 조금이나마 가늠할 수도 있다.

물리학자와 천문학자, 또 다른 영역의 전문가들, 고흐 같은 화가나 톨스토이 같은 문학가가 이런 호기심에서 과학적인 연구와 지적인 예술 작업을 해왔다. 물론 종교도 근본적이고 위대한 기여를 했음을 빼놓을 수 없다.

인간이라는 존재는 별에서 왔으며, 별의 주기와 작동 원리에 맞춰 삶을 살아가야 한다는 천문학자가 있다. 이시우 박사다. 그는 특이하게 이론적이고 실천적인 불교 원리와 싯다르타 부처를 독학으로 공부했다. 절에서 불공을 드리는 스님은 아니지만, 스님들을 대상으로 불교 원리를 특강할 정도로 학문적 조예가 깊다. 불교를 종교적으로 접근했다기보다는 천문학적으로 분석한 방법이 남다르다. 그래서 그는 '천문 철학자'에 가깝다. 첫 번째 인생 수업 인터뷰로 그와 함께 한 이유다.

우리는 모두 별에서 왔습니다

매일 산책을 하신다고 들었습니다.

이른 저녁식사를 하고 나서 6~7시쯤 집 옆인 보라매공원에 나와서 1시간씩 걸어요. 다른 운동은 안 하고, 걷기만 하죠. 걸으면 소화도 잘 되고 다리에 힘도 생기고요. 속도는 빠르지 않게, 자연스러운 걸음이 좋아요.

걸을 때는 늘 아래를 보며 사색을 합니다. 잡생각이 없어지죠. 몰두를 하려는 겁니다. 요즘은 새로 쓸 책 내용을 머릿속으로 정리해요. 그때그때마다 문제가 되는 게 있으면 항상 생각하며 고치곤 합니다.

탈레스Thales1는 천문학을 연구하기 위해 밤에는 항상 하늘의 별을 보고 걸었다고 합니다. 그러다가 시궁창에 빠진 적도 있다고 하고요. 선생님은 그와 반대로 아래(땅)을 보고 걸으시네요?

별을 보면 기분이 좋아지지만, 탈레스처럼 걸을 때 위를 보거나 하지는 않습니다. 버릇인데, 혼자 걸으며 누구랑 이야기도 안 합니다. 혼자 걸으면 심심할 것 같지만 편하고 좋아요. 남

---

1   고대 그리스의 철학자(?~?). 자연철학의 시조로 불린다. 일식(日蝕)을 예언하고 피라미드의 높이를 측정하였으며, 밀레투스학파를 창시했다.

이랑 보조를 맞출 필요도 없고요. 모름지기 외로움을 좋아해야죠. 허허.

사람들은 별을 참 좋아합니다. 그 옛날부터 별자리로 점을 보기도 했고, 항로를 정하기도 했고, 동서고금의 고전 작품에도 별이 무수히 등장하고요. 미래 공상과학 작품에도 별은 빠지지 않고 등장합니다. 인간과 별 사이에 무슨 특별한 관계가 있는 것 같습니다.

하늘의 별을 보면 아름답고 순수한 마음이 떠오르고, 어떤 그리움이 밀려오죠. 깊이 생각해보면 우리에게는 우주적 잠재의식이 들어 있어요.

왜냐하면 우리 몸이나 지구, 태양을 구성하는 모든 물질은 별이 폭발하면서 방출된 물질들에서 나온 거예요. 수소를 비롯해 모든 원소가 별이 폭발하면서 나온 것들이에요. 먼저 별이 폭발한 물질이 응축해서 태양이 되고, 나머지는 지구 같은 행성이 됐어요. 그런 지구에서 인간이 태어났잖아요. 결국 인간은 원래 원소를 통해 만들어진 거죠.

태양의 구성 성분은 수소(93%), 헬륨(6.5%), 산소(0.06%), 탄소(0.03%), 질소(0.0011%)의 순서로 그 양이 감소해요. 인간과 박테리아의 경우에도 구성 성분에서, 휘발성이 강해서 다른 원소와 잘 결합하지 못하는 헬륨을 빼고는 수소(63%), 산소(29%), 탄소(6.4%), 질소(1.4%) 차례로 함량이 줄어들죠.

만약 인간의 씨앗이 지구에서만 왔다면 어땠을까요? 지구의 구성 성분은 산소(50%), 철(17%), 규소(14%), 마그네슘(14%), 황(1.6%) 순으로 함량이 줄어드는데, 그렇다면 인간은 지구를 닮아 주로 산소와 철, 규소로 이뤄졌겠죠.

그렇다면 인간의 구성 성분 중 다섯 번째가 인(0.12%)인데, 이것은 혜성이나 운석이 지구에 떨어져서, 지구에 없던 물질이 우리 몸에 섞인 것인가요?

아닙니다. 운석이 오더라도 그것은 태양계가 만들어질 때의 초기 물질이에요. 사람이나 박테리아에는 지구에 원래 없던 무거운 원소가 있어요. 초신성超新星[2]은 태양보다 10배 이상 무거운 별인데, 폭발할 때 아주 무거운 중원소가 만들어지죠. 그때 만들어진 물질이 흩어져서 다음 세대의 별들을 탄생시키죠. 1, 2, 3세대의 순서대로 별을 탄생시킵니다. 태양은 4세대예요.

태양의 증조할아버지뻘 유전자가 우리 몸까지 전해온 거죠. 태양 이전 세대의 정보가, 이를테면 우주선을 타고 온 셈이죠. 그 정보가 우리 몸에 내재됐어요. 그래서 우리 인간은 왠지 모르게 별을 사랑하는 거예요. 별이 잠재의식의 고향이에요. 별이 형이고 동생이고 증조할아버지이고 고조할아버지

---

2   보통 신성보다 1만 배 이상의 빛을 내는 신성. 질량이 큰 별이 진화하는 마지막 단계로, 급격한 폭발로 엄청나게 밝아진 뒤 점차 사라진다.

이죠. 원초적 조상입니다. 하하하.

우리가 별에서 왔으니까 별처럼 살아야 한다고 하신 건가요?《별처럼 사는 법》이란 책도 내셨는데요.

별이 살아가는 원리를 깨달았으면 하는 바람이었어요. 별은 무위無爲적으로 살아갑니다. 즉 조작을 하지 않아요. 자연적인 상태에서 일어나는 모든 변화를 다 수용하고 적응하면서 살아갑니다. 반면에 인간은 조작을 많이 하죠. 인간의 욕심 때문인데, 조작은 대체로 자기중심적이에요. 유위有爲적인 것을 버리고 무위적인 세계로 나아가려면 별을 봄으로써 별의 세계를 이해해죠. 탐욕을 버리고, 남과의 경쟁을 버려야죠.

부처님 말씀처럼 들리는데요. 현실적으로 실천하기 어려운 얘기 아닌가요? 무위를 위해 우리가 인위를 가하지 않는다면, 우리는 발전할 수 없잖아요. 자연의 원리를 활용해 비행기도 만들고 자동차도 만들었습니다. 그런데 이것들은 모두 인위입니다. 문명 생활을 포기할 수는 없지 않나요?

물론 인위 자체는 좋죠. 그런데 좋은 인위도 있지만, 기술이 발달할 때 우리에게 나쁜 영향을 주는 것도 있다는 겁니다. 예를 들면, 스마트폰을 쓰면 편리하죠. 그래서 자주 쓰는데, 대신에 사고思考를 싫어하게 돼요. 언어가 없어져요. 활자도 싫어하게 됩니다. 그러면 인간 본성에 어떤 피해를 주지 않겠

별은 무위無爲적으로
살아갑니다.
즉 조작을 하지
않아요. 자연적인
상태에서 일어나는
모든 변화를 다
수용하고 적응하면서
살아갑니다. 반면에
인간은 조작을
많이 하죠. 인간의
욕심 때문인데,
조작은 대체로
자기중심적이에요.

어요? 그런 기기가 없을 때와 같은 상황을 만들면서 같이 가
야지, 왜 없어지는 방향으로 가느냐 이겁니다. 왜 책이 안 팔
리나요? 인터넷에 보면 다 나오니까요. 이러면 우리가 다음
세대에 물려줄 기본적인 문화가 없어져요. 사람들이 요즘 편
지도 안 씁니다. (안타까운 목소리로) 글을 안 써요.

우리의 문화를 없어지지 않게 해야 한다는 말씀이군요?

그렇죠. 스마트폰 같은 기기를 만들어냈으면, 마찬가지로 그
로 인해 발생할 폐해에 대한 대책을 함께 마련해야 합니다.
문화를 깨우치기 위한 조치를 해야죠. 예컨대 24시간 개방하
는 도서관을 만들라는 것이죠. 시간 제약을 받지 않고 언제든
가서 책을 볼 수 있도록 하는 도서관이요.

그런데 도서관 같은 시설을 지으려면 땅도 파야 하고, 자원도 사용
해야 합니다.

자연을 이용해야죠. 개발은 어떻게 보면 파괴입니다. 자원을
다음 세대에 물려주는 게 아니라 현재 이익을 창출하느라 난
리를 떠는 거예요. 결국 착취라고 볼 수 있죠. 그게 몇 백 년 간
다고 보세요? 그게 문제죠. 자연을 이용해야 한다는 말은, 가
능한 한 무위의 행위를 해야 하고 인위적인 성과도 자연스럽
게 나눠 가지면서 평등성과 보편성을 이뤄야 한다는 겁니다.
별에서 배워야죠. 별은 특출한 게 없습니다. 어느 건물이 세

계 최고라고 하면 그 건물이 몇 천 년을 가겠어요? 어느 누가 '1등이다, 2등이다' 떠들어대도 세계에 나가면, 우주에 가면 다르죠. 별도 큰 것과 작은 것이 있지만 '차이'일 뿐이에요. 사람의 키와 몸무게의 차이나 마찬가지예요. 그렇게 태어난 건데요. 별은 '내가 최고'라고 떠들지는 않죠.

오늘날 우리가 자녀들을 특별하게 키우려고 하죠. 어릴 때부터 외국에도 보내는데, 사실은 낭비이고 조작입니다. 애한테 맞지 않는 일을 하는 거예요. 따라가다 보면 자기 신세를 망치죠. 억지로는 하지 말자는 겁니다.

꿈을 이루기 위해 밤낮으로 공부하는 학생들도 있고, 자녀 뒷바라지 한다고 등골 빠져라 일해서 자식들 공부시키는 부모들도 많습니다.

당연합니다. 태어났으면 자기 삶에 최선을 다해야죠. 그건 권리이자 의무예요. 그런데 최선을 다하되, 자신에게든 타인에게든 억지로 속이지 말라는 것이죠. 자기 실력에 맞게 살아야하고요. 결과가 나오면 요즘 말로 쿨하게 인정하고 받아들이면서 자연스럽게 살라는 겁니다.

별 볼 일 없는 사람

선생님의 살아오신 이야기 좀 들어볼까요. 처음에 별을 공부하게 된 계기가 있었나요?

서울대에 입학했을 때는 물리학과에 들어갔어요. 그러다가 2학년 때 천문기상학과가 생겨서 그리로 옮겼죠. 물리학과를 나오면 여러 사람이 차려놓은 상에 내가 숟가락 하나 들고 가서 먹는 셈이라 생각했어요. 하지만 천문기상학과는 1기생이 되는 거니까, 직접 상을 차려서 먹을 수 있겠다, 즉 프런티어(개척) 정신으로 힘은 들겠지만 좀 더 낫지 않겠나 싶어서 바꿨죠.

학과가 처음 생겼고 1기생으로 지원하신 것이라면, 기존의 다른 학과들에 비해 학습 여건이 썩 좋지만은 않았을 것 같은데요. 공부는 어떻게 하셨나요?

당시 천문학 공부를 하신 교수님이 대학에 한 분도 없었어요. 2학년 때 한 분이 천문학을 혼자 공부해서 가르쳐주셨어요. 물리학과를 나와서 천문학과로 온 교수님이었죠. 별도 관측하지 못했고요. 시설도 없었습니다. 조그만 망원경을 사서 당시 대학 주변인 낙산에 올라 하늘을 바라보고 했죠.
대학을 졸업할 때쯤에는 가르치시던 교수님마저 외국에 나가서, 교수라고는 아무도 없었어요. 내가 졸업하자마자 후배들인 2, 3 ,4학년들을 내리 가르쳤죠. 몇 년 뒤에 대학원 물리학과를 나와서 경북대에서 천문학을 가르쳤어요.

그런데 이렇게 해서는 안 되겠더라고요. 외국에 나가서 제대로 된 공부를 하자고 결심했죠. 미국 동북부 코네티컷에 있는 웨슬리언대학으로 갔어요. 풀브라이트 장학금을 받아서 2년 동안 천문학 석사 과정을 다시 공부했죠. 제대로 된 천문 관측도 했죠.

말 그대로 '제대로' 별을 보신 거네요.

이루 말할 수 없었죠. 겨울에 별을 보면 무아 상태에 빠져 들어갑니다. 별 사진을 찍어서 기록을 남기기도 했어요. 처음으로 암실에서 작업도 해보고요.

오스트레일리아로도 유학을 다녀오셨다고요?

이번에는 콜롬보 장학금을 받아서 캔버라에 있는 오스트레일리아국립대학에서 관측천문학 박사 과정을 공부했습니다. 남반구인 오스트레일리아에는 별이 찬란하고 많이 보이거든요. 관측학을 공부하는 사람은 남반구와 북반구를 서로 왔다 갔다 하는데요. 지구를 비롯한 태양계가 은하계 평면의 위쪽에 있어요. 그래서 은하계를 많이 보려면 지구 아래쪽인 남반구에서 관측하는 게 좋아요. 은하 중심부를 볼 수 있으니까요.

별을 본다는 게, 정확히 무엇을 관측한다는 말인가요?

일반인이나 천문 아마추어들은 별자리들을 주로 구경하죠. 천문학자는 별자리를 안 봅니다. 별자리를 잘 모르기도 하고요. 내 경우에는 우리 은하계에 있는 별인데, 주로 약 5만 광년光年[3] 떨어진 별을 많이 관측했어요. 구상성단球狀星團[4]이라고 별이 100만 개 이상 모인 것을 주로 연구했는데, 7~8개를 몇 년 동안 보는 것이죠. 별 하나하나씩 수백 개를 집중적으로 연구합니다. 구상성단 내에 무거운 별과 가벼운 별이 어떻게 늙어 가느냐를 관측 자료로 분석하는 거예요.

관측을 하면 진화한 트랙이 나옵니다. 질량이 큰 별, 작은 별을 보고 나이를 판별하죠. 질량이 큰 놈은 빨리 늙고, 질량이 작은 놈은 늙는 속도가 느립니다. 왜냐하면 질량이 크면 어떤 돌출에 의해 중력이 커요. 중심부에 강한 압력이 미치면 잘못하면 터지니까요. 이것을 이겨내고 버티려면 중심부에서 많은 에너지를 발생해야죠. 그러려면 핵융합에 반응하는 속도

---

3 천체와 천체 사이의 거리를 나타내는 단위가 광년이다. 1광년은 빛이 초속 30만 킬로미터의 속도로 1년 동안 나아가는 거리로 9조 4670억 7782만 킬로미터다. 기호는 ly 또는 lyr.

4 지구에서 2만 8000광년 떨어진 전갈자리에 있는 100만 개 이상의 작은 별들이 공 모양으로 모여 있는 항성의 집단. 나이가 100억 년 이상 되었다.

가 빨라야죠. 즉 태우는 음식량이 많아져요. 에너지 소모가 빨라지는 것이죠. 그런 별이 빨리 죽어요.

대체로 별의 나이는 초기 질량의 제곱에 반비례합니다. 별마다 진화한 상태가 달라요. 별의 질량은 우리가 측정하지 않고 쌍성雙星[5]을 통해 측정하거나 간접적으로 수학으로 계산하죠. 그래서 수학과 물리는 천문학의 기본이에요.

그렇게 먼 곳에 있는 별을 보려면 엄청나게 성능이 좋은 망원경으로 봐야겠네요. 광학망원경에 이어 요즘에는 전파망원경으로 관측한다면서요?

광학망원경은 렌즈를 통해 하늘의 별을 직접 보는 것이고, 전파망원경은 눈에 보이지 않는 빛의 파장까지 보는 것이에요. 앞의 것이 우리 눈으로 볼 수 있는 가시광선을 관측한다면, 뒤의 것은 안테나가 방송국 전파를 잡듯이 별에서 보내는, 우리 눈에는 보이지 않는 전파(적외선·자외선·X선·감마선 등)를 관측하죠.

태양에서 홍염紅焰[6] 같은 게 폭발하지 않습니까? 분출되어서 폭발하면 강한 자기장이 생기고, 전파가 발생합니다. 은하 중

---

5   서로 끌어당기는 힘의 작용으로 공동의 무게중심 주위를 일정한 주기로 공전하는 두 개의 항성. 밝은 별을 주성(主星), 어두운 별을 동반성이라 한다.

6   태양의 채층(彩層) 전면에서 코로나 속으로 높이 소용돌이쳐 일어나는 붉은 불꽃 모양의 가스체. 주성분은 수소 가스로 추정되며 개기일식 때 볼 수 있다.

심부에 블랙홀이 있는데, 물질이 블랙홀로 빨려 들어갈 때 충돌하면서 강한 자기장과 전파를 방출해요. 우리는 방향을 정해서 그쪽 전파만 잡죠. 그 전파를 갖고 물질의 성질과 운동 등을 조사하는 것입니다.

전파망원경으로는 우리 일상생활에 이용할 것은 없고요. 순전히 천문 관측용이죠. 천체물리학은 이론이고, 관측천문학 하면 광학천문학과 전파천문학 두 종류가 있어요. 그런데 전파와 광학은 나중에는 연결됩니다. 따로 관측한 뒤 나중에 합쳐서 별을 분석하죠.

천문학자가 별을 관측하는 모습이 그저 신기할 따름입니다. 일제강점기에 연희전문학교가 개교하면서 천문학 강좌가 처음 개설되었다고 합니다. 국내 최초로 서울대에 천문기상학과가 생긴 지도 60여 년이 지났는데요. 우리나라 천문학 수준은 어떤가요? 흔히들 7세기 초 신라 선덕여왕 때 세운 경주첨성대를 언급하면서 동양에서 가장 오래된 관측대라고 자랑하는데요.

고려 때 일연이 쓴 《삼국유사三國遺事》를 보면 혜성과 초신성을 관측한 기록이 있어요. 첨성대瞻星臺와 점성대占星臺라는 이름도 나오고요. 그런데 혜성과 초신성은 첨성대에 오르지 않더라도 관측할 수 있고, 첨성대에서 어떤 기구로 천문을 관측했다는 구체적인 기록이 없어서 여러 가설이 존재하죠. 특히 첨성대가 평지에, 그것도 구조상 오르내리는 통로가 매우 불편하다는 점 때문에 제단祭壇 아니냐는 말도 있었고요. 그러나 당시의 역사적 환경을 고려하면, 나라마다 역법曆法과 점성을 위해 천문을 관측했고 되도록 왕궁에 가까이 있어야 했다는 이유 등으로 첨성대를 천문대로 해석하고 있습니다.

실제로 경주첨성대에 들어가서 올라가봤는데요. 안쪽에서 돌을 잡고 올라갔죠. 이 시설은 별을 관측하는 곳이라기보다는 군사 망루로 쓰이지 않았나 하는 생각도 들더군요. 그래서 아직도 의문으로 남아 있기는 합니다.

현재는 우리나라 천문학 수준이 굉장히 발전했어요. 칠레 안데스산맥에 위치한 라스 캄파나스 천문대에 거대 마젤란 망원경GMT, Giant Magellan Telescope이라고 세계 최대의 직경 25미터짜리 광학망원경을 설치하는데, 우리나라도 공동으로 참여했습니다. 현재 기술로 만들 수 있는 가장 큰 반사경인 지름 8.4미터짜리 거울 7장을 결합시킵니다. 가운데에 하나 놓고요. 우리 돈으로 1조 원이 드는데, 우리나라가 1000억 원을 내야 해요. 최종 완성은 2020년대가 끝나기 전에 이루어질 전망입니다. 또 직경 1.6미터짜리 광학망원경 세 대를 한국에 하나, 칠레에 하나, 남아공에 하나 해서 세 군데에 놓으려는 프로젝트도 추진하고 있고요.

우리나라에서도 전파망원경은 대덕전파천문대에 지름 14미터짜리를 1986년부터 운영해오고 있고, 서울대 내에도 지름 6미터짜리가 설치되어 2002년부터 연구에 이용되고 있죠.

또한 한국천문연구원은 한국우주전파관측망KVN이라고 지름 21미터짜리 전파망원경 3개를 서울, 울산, 제주에 하나씩 두고 관측하고 있어요.

전파망원경은 우리 눈에 보이지 않는 빛의 파장을 보는 것이라고 하셨는데요. 그 말인즉슨, 망원경으로 별을 보던 때와는 달리 컴퓨터로 별을 보는 시대라는 말씀이네요.

관측천문학은 일종의 예술 행위라고도 합니다. 왜냐하면 밖에 나가서 추우면 추운대로, 구름이 끼어 있으면 있는 대로, 밖의 온도하고 똑같이 천문대 안의 실내온도를 유지해야 하니까요. 바깥보다 안이 더우면 공기가 흔들리죠. 그러면 상像이 뚜렷하지 않죠. 뚜렷하게 하려면 바깥 공기하고 실내를 똑같이 해야 합니다. 또한 지구의 자전을 따라 관측망원경을 움직이거든요. 별의 방향이 다르니까 다양한 프로그램을 준비했다가 그중에서 상황에 맞춰 순발력 있게 대처를 잘 해야 합니다. 예술작가가 자기 아이디어를 갖고 대처하듯이 말이죠. 망원경이 아니고 컴퓨터로는 '고생하면서 별을 보는 신비감'이 있겠어요? 예전에는 해발 1378미터에 있는 소백산 천문대를 10여 년간 학기 중에 학생들과 올라갔어요. 죽령고개로 해서 천문대까지 걸어 올라갔어요.

아이고, 천문학과가 아니고 등산학과네요. 하하.

어떤 학문이든지 노동이 50% 가미되지 않으면, 죽은 학문이라고 생각합니다. 왜냐하면 인간의 머리는 노동에 의해 원활하게 돌아가요. 육체적인 활동이 기본이죠. 20킬로그램짜리 짐을 지고 올라가는 고통 속에서 별을 봤을 때 진짜 별을 본 느낌이 듭니다. 그래야 자기 연구 결과를 보고 기쁨을 느껴요. 망원경이 아니라 컴퓨터로 별을 보더라도, 꾀를 부리지 말아야 하죠. 자기 육신을 갖고 해야죠. 신실信實을 밑바탕으로 일해야 합니다. 모든 일이 머리만 굴리면 제가 잘난 줄 알아요.

그런 점에서 니체Friedrich Wilhelm Nietzsche7는 '걷고 생각해서 쓴 글이 진짜 글'이라고 했는데요.

책상머리에서 생각하는 것은 억지로 짜내는 게 많죠. 자식을 키울 때도 노동을 시켜야 합니다. 청소와 심부름도 시켜야 합니다. 노동이 그만큼 중요해서 학생들을 데리고 한 달에 한 번씩 산에 올라간 겁니다. 삶을 살아가는 데 어떻게 머리로만 살아갑니까? 요즘 학생들은 학원만 다니고 운동을 잘 안 하는

---

7 독일의 철학자·시인(1844~1900). 실존철학의 선구자로, 기독교적·민주주의적 윤리를 약자의 노예 도덕으로 간주하고 강자의 군주 도덕을 찬미하였으며, 그 구현자를 초인(超人)이라 명명하였다. 근대의 극복을 위하여 '신은 죽었다'고 선언하고, 피안적인 것에 대신하여 차안적인 것을 본질로 하는 생을 주장하는 허무주의에 의하여 모든 것의 가치 전환을 시도하였다. 저서에 《비극의 탄생》, 《자라투스트라는 이렇게 말했다》 등이 있다.

데요. 그러니까 남과의 관계를 잘 몰라요. 나중에 사회생활에 지장이 있어요.

어떤 사람이 '춤추는 별을 잉태하려면 자기 안에 혼돈과 광기를 지녀야 한다'고 말했죠. 뼈를 깎는 노력과 노동을 하라는 뜻입니다. 매서운 추위를 견디지 않고는 매화 향기를 못 냅니다. 어릴 때부터 단련해야 합니다. 경험을 해야죠. 남에게 피해를 주면 안 됩니다.

그 많은 별들을 하나하나씩 몇 년 동안 관측한다는 게 말처럼 쉬운 일은 절대 아니겠어요. 그런데 천문학자는 왜 자신을 '별 볼 일 없는 사람'이라고 말하죠?

천문학과 우리 일상생활이 매우 밀접하게 직접 연결되는 게 없으니까요. 천문학은 멀리 있어서 잡을 수도 없잖아요. 다른 학문은 다 잡을 수 있는데요. 대학을 졸업해도 갈 데가 적어요. 우리나라에는 천문연구원이 딱 하나 있어요. 나머지는 학교에 가거나, 컴퓨터를 많이 쓰니까 컴퓨터를 활용하는 데 취직해요. 교양 과목으로 천문학을 듣는 것은 아주 좋죠. 나도 '인간과 우주'라는 교양 과목을 오래 가르쳤어요.

별 볼 일 없는데도 불구하고 공부하는 이유는 딱 하나죠. '호기심' 때문입니다.

천문학자 중에 가장 위대하다는 사람을 꼽으라면 누구 있을까요?

어떤 사람이
'춤추는 별을
잉태하려면 자기
안에 혼돈과 광기를
지녀야 한다'고
말했죠. 뼈를 깎는
노력과 노동을
하라는 뜻입니다.
매서운 추위를
견디지 않고는
매화 향기를 못
냅니다. 어릴 때부터
단련해야 합니다.
경험을 해야죠.
남에게 피해를 주면
안 됩니다.

지동설을 주장한 코페르니쿠스Nicolaus Copernicus8나 망원경을 만들어 지동설을 증명한 갈릴레이Galileo Galilei9가 떠오르는데요.

지구가 자전하면서 태양 주위를 회전한다고 하는 지동설은 오랜 옛날부터 여러 사람에 의해 주장되어 왔습니다. 고대 그리스 때 기원전 5세기에는 필롤라오스Philolaos10가 지구는 움직인다고 주장했고, 기원전 3세기에는 아리스타르코스Aristarchos11가 지동설을 주장했죠. 그런데 옛날에 그러다 말았죠. 관측을 안 하고 이론으로만 말해서 신빙성을 잃은 거죠.

중세에서 근대로 넘어오면서 있었던 코페르니쿠스와 갈릴레이의 혁명적인 주장은 사회통념상 받아들여지지 못했고 종

---

8   폴란드의 천문학자(1473~1543). 육안으로 천체를 관측하여 지동설을 제창하였다. 저서에 《천체의 회전에 관하여》가 있다.

9   이탈리아의 천문학자·물리학자·철학자(1564~1642). 진자의 등시성(等時性)을 발견했고, 물체의 낙하 속도가 무게에 비례한다는 아리스토텔레스의 잘못을 증명하였으며, 물체 운동론을 연구하여 관성의 법칙, 낙하 물체의 가속도가 일정하다는 사실, 탄소가 포물선을 그린다는 사실 등을 밝혔다. 1609년에 망원경을 제작하여 달의 산·계곡 및 태양의 흑점, 목성의 위성 등을 발견하였으며, 지동설을 주장하여 교황청으로부터 종교재판을 받았다. 저서에 《천문 대화》, 《신과학 대화》 등이 있다.

10   고대 그리스의 수학자·천문학자(?~?). 기원전 5세기경 사람으로 지구, 천체, 지구 중심의 불 등에 대하여 일종의 지동설, 수론(數論)을 설명하였다. 피타고라스의 이론을 처음으로 발표하였다고 한다.

11   고대 그리스의 천문학자(B.C. 310~B.C. 230). 지구의 일주(日周) 운동과 지동설을 처음으로 제창하였으며, 지구에서 태양과 달까지의 거리의 비(比)를 측정하여 19 대 1이라고 하였다. 논문에 〈태양과 달의 크기와 거리에 대하여〉가 있다.

교재판까지 받게 되었죠. 하지만 덕분에 근대과학의 막이 열리게 되었습니다. 또 현대우주론의 출발점이 된 〈정적우주론〉의 아인슈타인Albert Einstein[12]도 있고요.

개인적으로는 허블 상수와 우주 팽창 속도를 연구한 미국의 앨런 샌디지Allan Sandage라는 관측천문학자를 존경해요. 광학천문학자의 표준이기도 한 그의 《허블은하천문도Hubble Atlas of Galaxies》는 젊은 천문학자들이 품어야 할 정신의 정수였어요. 천문학의 노벨상으로 불리는 (태평양천문학회에서 수여하는) 브루스메달Bruce Medal과 (피터 그루버 재단이 수여하는) 우주론상Cosmology Prize도 받았고요.

그는 글도 잘 써요. 흔히 글 중에는 멋있게 쓰려고 하는 글도 있고, 너무 어려운 글도 있고, 논리적인 글이 있죠. 이 학자의 글은 평이하면서도 명확해요. 그리고 겸손해요. 몇 번 만나봤는데 그렇게 겸손할 수가 없어요. 정말 보기 드문 사람이에요.

---

12 독일 태생의 미국 이론물리학자(1879~1955). '특수상대성원리', '일반상대성원리', '광양자가설', '통일장이론' 등을 발표하였다. 1921년에 노벨물리학상을 받았다.

과학과 종교 그리고 미신

천문학은 첨단 과학기술과 산업이 뒷받침되어야 한다는 생각이 드네요. 기업이 우주를 공부하면 산업화할 유망한 기술이 많이 있나요?

코닥Kodak 하면 필름과 아날로그 카메라로 유명했죠. 1888년에 등장해서 카메라의 역사에 기여한 바도 매우 컸는데, 사실 그게 천문학 때문에 커진 거랍니다. 당시 사진은 정밀하지 않아도 되었어요. 그런데 천문학에서는 사진 해상도가 매우 정밀해야 하거든요. 코닥이 천문학 필름을 만들다가 크게 된 거죠. 디지털 카메라의 핵심 부품인 CCDCharge-Couple Device(이미지센서)도 천문학에서 별을 찍다가 발전했어요. 디지털 카메라와 MRI(자기공명촬영장치)로 응용되어 개발된 것이고요.

천문학에서 산업화로 직결된 게 많아요. 미국에서는 신형 컴퓨터를 처음 만들면 천문대에 갖다 줘요. 컴퓨터는 대용량과 고도의 정밀성을 다루죠. 때문에 테스트하려면 천문대가 최적이거든요.

광학관측이든, 전파관측이든 우주를 관찰하다 보면 우주에 인간과 같은 지적 생명체가 있을 수 있다고 생각되지는 않나요?

(자신 있는 목소리로) 거의 100% 확신합니다. 보편성이라는 측면에서죠. 우리 은하계에만 1000억 개의 별이 있어요. 태양

은 그중에 하나입니다. 또 지구가 있고 우리 인간이 있는데
요. 태양(항성)과 지구(행성)처럼 똑같거나 비슷한 별(항성)이나
행성이 우리 은하계 내에 없다고 부정하는 것은 불가능하죠.
적어도 우리와 같이 진화된 지적 생명체가 100억 개가 있을
겁니다. 별 1개에 지구와 같은 행성이 여러 개 있으니까요.

그런데 우리는 왜 아직 찾지를 못하고 있는 것인가요?
우리가 그쪽과 교신하는 방법이 없어서 그래요. 너무 멀어서
요. 우리가 전파를 보내서 그쪽에서 받는다면 다행이죠. 그렇
더라도 전파를 해석해서 우리에게 답을 줄 정도가 되어야죠.
모르면 그냥 지나가는 겁니다.

지구에서 태양계 밖으로 전파를 보내고 받을 수 있나요?
이상한 전파가 나오는지를 우리 지구에서 받고 있어요. 자연
스러운 전파가 아닌 이상한 전파를 찾고 있어요. 전파의 진
원지를 찾아내는 겁니다. 칠레에 짓는 직경 25미터짜리 망
원경이 바로 외계 지적 생명체를 탐사하기 위해 설치하는 거
예요. 다른 연구 분야도 동참하고요. 전파망원경을 지구 밖
에 띄울 수는 없거든요. 너무 커서요. 지름 2.5미터의 허블
망원경Hubble Space Telescope[13]처럼 대기 밖에는 못 띄워요. 칠레
망원경이 완공되면 적어도 25년 안에 100만 개 정도의 별을
관측해서 지구와 비슷한 행성을 찾을 수 있을 것으로 기대하

고 예상합니다. 행성을 찾은 뒤에는 우리가 신호를 보낸다든지 해야죠.

1977년에 '여행자'라는 이름을 가진 우주탐사선 보이저Voyager 1호와 2호를 발사했죠. 태양계 밖을 살펴보기 위해 영원히 돌아오지 않는 여정을 떠난 두 우주선에는 LP 1장이 실렸습니다. 인류를 대표할 음악 27곡, 55개 언어로 된 인사말, 지구와 생명의 진화를 표현한 19개의 소리, 지구 환경과 인류 문명을 보여주는 사진 118장이 수록됐지요. 드넓은 우주 어디선가 존재하고 있을지 모르는 외계 문명에 보내는 우리 인류의 메시지, 일명 '골든 레코드'였습니다.

그 우주선은 2011년 기준으로 태양권이 끝나는 경계면인 태양권계면을 통과하고, 현재 태양에서 190억 킬로미터 이상 떨어진 성간 우주를 떠돌고 있는데요. 어디에 떨어질 줄 모르죠. 생명체가 없는 화성 같은 곳에 도착하면 아무 소용이 없고요. 중간에 쓰레기가 될지도 몰라요. 그래서 기대 반, 우려 반입니다.

만약 외계에서 지적 생명체를 찾게 되면 무슨 일이 벌어질까요? 공상과학영화를 보면 지구인보다 지적 수준이 높아 침략을 당하거나

13　1990년 미국 항공우주국(NASA)에서 쏘아 올려 대기권 밖에서 지구 궤도를 돌고 있는 천문관측용 우주망원경.

하던데요.

문화 수준이 가장 문제인데요. 그쪽이 우리보다 더 진화했는지, 덜 진화했는지도 모르고요. 어떤 언어로 교신할지도 관건이죠. 잘못된 언어를 써서 그쪽에서 전쟁 신호로 해석하면 큰일이잖아요. 클라크Arthur C. Clarke[14]의 과학소설에도 그런 경우가 발생해 외계인이 지구를 폭발시키죠. 외계의 지적 생명체를 찾으려면 천문학자, 기호학자, 사회학자, 심리학자 등이다 모여서 연구해야죠. 언어가 가장 중요합니다. 우리보다 더진화한 생명체라면 도움이 될 수도 있고요. 잘못하면 소설처럼 지구를 없애버릴 수도 있겠죠.

아직 과학적으로는 발견된 게 없지만, 가능성은 충분하다고 생각합니다, 왜냐하면 일어날 수 있는 일이기 때문이죠. 우리가 모를 뿐이에요. 지상에서도 이상한 현상, 즉 설명되지 않는 현상이 있거든요. 우리는 그것을 부정하지도 못하고, 인정하지도 못하죠. 외계의 지적 생명체에 대해서 천문학자들마다 생각이 다르긴 하죠. 하지만 생명체가 있는 행성으로 지구만이 유일하다고 할 수는 없어요. 보편성 측면에서 훨씬 더진화된 생명체도 있을 수 있죠.

---

14   영국의 작가·발명가·미래학자(1917~2008). 과학소설 〈2001 스페이스 오디세이〉로 유명하다.

외계의 지적 생명체와 관련해서는 과학과 종교가 맞부딪히는 것 같습니다. 중세기에 외부 생명체를 주장했던 브루노Giordano Bruno15는 화형火刑까지 당했는데요.

지난 2009년에 로마 교황청에서 외계의 지적 생명체에 관한 학술대회가 열렸어요. 추기경이 '우리가 연구해서 어떤 결과를 얻는 것보다 무지에 의한 실수가 더 위험하다'고 얘기했고요. 특이하게도 로마 교황청에는 천문대가 있습니다. 1918년에 설립한 건데, 종교재판으로 딱지 붙은 '과학적 진보에 대한 완고한 반대자'라는 오명을 벗고 싶었던 거죠. 신부 중에서도 천문학자가 많이 나왔어요. 지동설을 주창한 코페르니쿠스와 브루노는 물론, 20세기 초 빅뱅 이론16을 처음 만든 르메트르Georges Lemaître17 역시 신부였어요.

말씀하신 브루노는 '영혼이 있으면 형상이 있고, 형상이 있으면 생명체'라고 이야기해서 화형을 당했죠. 즉 외부 생명체를

---

15 이탈리아의 철학자·천문학자(1548~1600). 우주의 무한성과 지동설을 주장하고, 반교회적인 범신론을 논하다가 이단으로 몰려 화형을 당하였다. 저서에 《원인, 원리 및 유일자에 대하여》등이 있다.

16 우주의 생성과 진화에 관한 이론. 약 150억 년 전 초기 우주가 매우 높은 온도와 밀도에서 대폭발을 일으켜 현재의 팽창하는 우주가 탄생하였다는 이론으로, 이 이론에 따르면 대폭발 후 온도가 점차 낮아지면서 물질이 생성되었고, 현재에도 우주는 계속 팽창하고 있다.

17 벨기에의 천문학자(1894~1966). 우주의 팽창과 대폭발 이론을 최초로 주장했다. 논문 〈일정한 질량을 갖지만 팽창하는 균등한 우주를 통한 우리 은하 밖의 성운들의 시선 속도의 설명〉이 있다.

주장했던 거죠. 지동설을 주장하던 갈릴레이는 반대로 살아
났는데, 재판에서 지동설을 거둬들이는 조건으로 방면됐고
요. 그런데 외계 생명체는 언제든지 존재할 수 있어요. 생명
을 어떻게 보느냐 하는 관점의 차이죠.

가톨릭에서는 1992년에 갈릴레이에 대한 이단 재판이 잘못
되었다면서 지동설을 공식 인정했고, 1996년에는 교황 요한
바오로 2세가 '진화론은 가톨릭교와 양립할 수 있다'고 선언
했고, 1999년에 교서를 통해 진화론을 공식 인정했어요. 그
런데 개신교는 인정을 안 해요. 문제예요.

고대 중국이나 인도에서 발달했고, 서양에서도 중세에 크게 성행했
던 점성술은 어떻게 보시나요?

케플러Johannes Kepler[18]는 자기 어머니가 점성술로 점치다가 마
녀로 찍혀 화형을 당할 처지에 놓였을 때 점성술로 '올해 겨울
이 유난히 춥고, 터키가 쳐들어올 것'이라고 예언했어요. 그런
데 그게 맞아떨어진 거예요. 덕분에 어머니의 화형을 면했죠.
천문학자의 점성술이라서 더 정확한 것이었을까요? 천만에

18　독일의 천문학자(1571~1630). 화성에 관한 정밀한 관측 기록을 기초로 화성
　　의 운동이 태양을 중심으로 하는 타원 운동임을 확인하고, 행성의 운동에 관한
　　'케플러의 법칙'을 발견하는 등 근대 과학 발전의 선구자가 되었다. 저서에《우
　　주의 신비》,《광학》등이 있다.

요. 점성술은 천문학 하고는 전혀 무관합니다. 별을 관측하는 게 아니라 사주를 보는 식이죠. 황도黃道[19]를 보고 한다고 해요. 뭐, 알 수가 있나요? 믿을 수 없죠. 과학적 근거가 없어요.

과학과 종교는 앞으로 어떻게 해야 할까요?

아인슈타인은 '종교가 없는 과학은 불구자이고, 과학이 없는 종교는 맹목적이다'라고 말했습니다. 아인슈타인이 말한 종교는 그냥 보통 종교가 아니고, 인간의 힘으로써 할 수 없는 어떤 신비의 힘을 말해요. 보통의 종교와는 다릅니다. 과학도 신비감을 캐기 위해 도전하라는 뜻이죠. 아인슈타인은 신비에 대한 도전을 강조했죠. 과학적 증명을 해야 하죠.

부처를 만난 천문학자

종교 이야기가 나왔으니, 선생님과 불교의 인연을 이야기해보도록 하죠. 서울대 교수직을 그만두고는 천문학과 불교 사상을 연관지은 책도 많이 쓰셨어요. 그런데 정년을 5년이나 앞두고 자진해서 그만 두셨다고 들었습니다.

---

19 태양의 둘레를 도는 지구의 궤도가 천구(天球)에 투영된 궤도.

조기 은퇴는 나의 철학이고
가치관이었습니다.
학생들을 가르치면서
'너희들이 교수 자격을 따면
이 자리를 물려주고 나갈
것이다. 정년을 꽉 채워서
나가지는 않겠다'고
다짐했었죠. 어느 날에
보니까, 후학이 내 밑에서
학위를 땄는데 취직을 못하고
있었어요. 교수가 되고 싶어
하기에 내가 그만뒀죠.

조기 은퇴는 나의 철학이고 가치관이었습니다. 학생들을 가르치면서 '너희들이 교수 자격을 따면 이 자리를 물려주고 나갈 것이다. 정년을 꽉 채워서 나가지는 않겠다'고 다짐했었죠. 학생들이랑 약속한 것은 아니고, 혼자 속으로 한 거죠. 그러다가 어느 날에 보니까, 후학이 내 밑에서 학위를 땄는데 취직을 못하고 있었어요. 교수가 되고 싶어 하기에 내가 그만뒀죠. 한편으로는 '스님 생활을 한번 해볼까'도 생각했어요.

쉽지 않은 결단이었을 것 같습니다. 정년이 보장된 대부분의 사람들은 끝까지 일을 더 하고 싶어 하는데요.

뭐 어려운 거 아니었어요. 마음먹기에 따라 아주 쉬운 일이기도 합니다. 서울대에서 정년을 남기고 스스로 그만둔 사람은 내가 처음인데, 집사람도 내 의견에 동의했죠. 내 철학을 아니까요. 스님이 되려고 하는 것도 마찬가지였어요.

교수를 그만두고 부산에 있는 어느 절을 가봤죠. 하안거夏安居[20]라는 게 뭔지 알고 싶어서 직접 체험해봤는데…. (멋쩍은 표정으로) 절에 가면 스님들과 이야기를 많이 하면서 도움을 얻겠다는 생각을 했죠. 그런데 가만히 앉아 있기만 하는 것이었

20　승려들이 여름 동안 한곳에 머물면서 수행에 전념하는 일. 겨울에 하는 동안거(冬安居)에 대응하는 말이다. 인도에서는 우계인 몬순기에 3개월 동안 비가 오는 동안 바깥에서 수행하기에 어렵고, 초목과 벌레들을 다치게 하는 경우가 많아 외출을 삼가고 수행에 힘쓴 데서 비롯됐다.

습니다. 아침 먹고 나면 앉아 있고, 또 점심 먹고 나면 앉아 있고요. 서로 말을 못하게 합니다. 두 달 걸리는 하안거를 다 못 채우고 십여 일 남겨두고 나왔죠.

어느 지인이 '절은 밖에서 봐야 아름답습니다'라고 하더라고요. 인생이라는 것도, 별도 마찬가지입니다. 태양도 가까이 다가간 위성에서 찍은 사진을 보면 표면이 전부 폭발해서 난리입니다. 연애라는 것도 가까이서 보면 뭐⋯. 하하.

못 견디고 나오셨지만, 이후에 《직지直指, 길을 가리키다》라는 책을 내셨어요.

선禪에 관한 얘기입니다. 마음을 한곳에 모아 고요히 앉아서 참선하는 것이죠. 자신의 본성을 구명하고 부처의 깨달음을 터득하죠. 선 그 자체는 좋은데, '선문답'이라는 말처럼 일반인이 다가가기에는 큰 벽이 있는 것 같았어요. 그래서 좀 논리적으로 접근해서 부처의 가르침이 무엇인지 이해하고 현대 사회에 적용해보자 한 거죠.

연기緣起[21]와 인드라망Indramang에 대한 책도 썼어요. 고대 인도신화에 따르면 인드라 신이 하늘에 그물을 쳤다고 해요. 그물코 하나하나에 보석을 달았죠. 거기에서 나오는 빛들이

---

21   모든 현상과 존재를 인연에 의해 일어난 것으로 보는 불교의 핵심적인 교리인 인연생기(因緣生起)의 약자다.

무수히 겹치며 신비한 세계를 만들어낸다고 하죠. 우주가 그 물코에 다 걸려 있다는 것이죠. 불교에서 끊임없이 서로 연결되어 있다는 연기와 일맥상통합니다. 그물코 하나를 댕기면 전부 다 움직이죠. 고기 잡는 그물을 움직이면 다 움직이는 것처럼요.

불교사상은 어떻게 공부하신 거예요?

순전히 독학으로 합니다. 불경 경전을 봐요. 〈화엄경華嚴經〉, 〈법화경法華經〉 〈금강경金剛經〉 등의 경문을 봅니다. (한숨을 쉬며) 쉽지 않죠. 어려워요. 불경이 중국을 거쳐 우리나라로 건너와서 중국적 문화가 가미되어 있어요. 또한 북방불교[22]에는 깊은 철학이 담겨 있습니다. 부처님 말씀을 논서論書로 만들었죠. 남방불교[23]가 부처님 말씀을 있는 그대로 전하는 것과는 다릅니다.

천체 우주 법칙과 불교 법칙의 공통점이 있을까요? 불경을 공부한

---

22 기원전 3세기 무렵 인도에서 발달하여 티베트, 중국, 한국, 일본으로 퍼진 불교. 중생을 제도하여 부처의 경지에 이르게 하는 것을 이상으로 하는 대승(大乘)불교가 중심을 이루고 있다. 불교 경전의 원어가 대부분 인도에서 사용하던 범어(梵語, Sanskrit)로 쓰여 있다.

23 기원전 3세기 이후 남인도, 스리랑카, 미얀마, 타이, 인도네시아 등지에 전파된 불교. 수행을 통한 개인의 해탈을 가르치는 교법인 소승(小乘)불교가 주를 이룬다. 경전이 인도 중부 지방에서 사용하던 팔리어로 쓰여 있다.

천문학자로서 어떻게 생각하세요?

공통점은 아까 말한 '인연생기因緣生起'라고 할 수 있습니다. 모든 불교 경전에 나오는 말인데요. 쉽게 말해 '주고받음'이죠. '삼륜청정三輪淸淨 삼륜체공三輪體쏘[24]'이라고 하죠. 삼륜, 즉 보시하는 사람과 보시를 받는 사람, 보시하는 물건 이 세 가지 모두가 깨끗해야 한다는 말인데요. 모두가 애증이나 분별과 집착이 없어야 한다는 뜻입니다. 모두가 본질적으로 '공쏘'하다는 이치를 깨달아야 한다는 의미죠.

또한 '변한다'는 생각을 해야 합니다. '주는 나도 변하고, 받는 너도 항상 변하는 사람이다. 주고받는 매체도 항상 변한다.' 지금 이 순간에도 우리는 순간순간 변해가죠. 세포가 변하고 무아無我 상태로 가죠. 정체성이 자꾸 변해가는 것이죠. 그래서 '나'라는 정체성이 없어요. 상대방도, 주고받는 매체도 마찬가지죠. 그것을 연기공緣起쏘이라고 합니다.

아, 어렵네요. 물질뿐만 아니라 마음도 변한다고 봐야 하는 거군요?

그렇죠. 그래서 부처는 세상에 변치 않는 것은 '변한다는 법칙뿐이다'라고 했지요. 자연에서는 별들이 자연 조작을 하지 않으니까 청정하죠. 그러면서도 항상 변합니다. 진화하니까요.

---

24   보시에서 주는 자와 받는 자, 주고받는 물건, 이 세 가지를 보시삼륜이라고 한다. 모두가 본질적으로 공(쏘)한 것이므로 이에 집착하는 마음이 없어야 한다.

태어나서 생로병사를 다 거치죠. 별 그 자체가 삼륜청정이고 삼륜체공이죠.

그렇다면 우주와 인간의 차이점은 뭐가 있을까요?

별은 자기가 가진 수소와 탄소 같은 식량을 태우죠. 그런데 인간은 빈손으로 태어나지요. 어떻게 보면 근본적으로 큰 차이점이죠. 그래서 가능하면 조작하지 않는 방법으로 살아가는 게 좋겠죠. 많이 취하려고 하지 말아야 하고요. 조금 부족해도 약간 불편하게 살면 돼요. 만족스럽게 최대한 많이 소유하려면 반드시 남에게 피해를 주게 되죠.

공수래공수거空手來空手去라는 말이 생각나네요. 그럼 사람이 죽으면 어떻게 되는 건가요?

별은 죽으면 그 앞 세대 물질이 다음 세대의 별로 이어지죠. 인간은 생로병사를 거쳐 한 줌의 재로 돌아갑니다. 여기서 생명의 문제가 중요한데요. 생명을 어떻게 정의하느냐 하는 것이죠. 대개는 신진대사와 생장, 증식 등을 생명이라고 보죠. 나의 관점은 달라요. 우리는 동식물을 제외한 나머지를 무생물이라고 합니다. 인간을 거슬러 올라가면 원래는 지구도 원초적 무생물이었죠? 분자로 구성된 돌한테 외부의 열을 가하면 뜨거워지거나 차가워지죠. 돌 구성 분자가 외부 에너지를 흡수하거나 방출함으로써 분자를 조절하죠. 돌이 분자를 조절한다면 생명체로 보자는 겁니다. 생명체의 기본단위가 분자, 원자이니까요. 무생물에서 유생물이 나온 게 아니라 생명체에서 생명체가 나온 것으로 보자는 겁니다.

선생님 말씀으로는 별도 생명체라는 거군요?

태양이 100억 년을 사는데, 인간은 100년을 삽니다. 1억 분의 1이에요. 하루살이가 사나흘을 사니까, 인간의 1만 분의 1을 사는 셈이죠. 하루살이가 인간을 이해하지 못하죠. 마찬가지로 우리가 태양을 이해할 수는 없죠.

별도 생로병사를 하거든요. 별도 태어나서 죽는데, 아프기도 하고요. 별과 같은 무생물을 생명체로 보지 않고, 인간 중심적인 생명체 가치관을 가지면 다른 무생물을 인간 마음대로 조정할 수 있다고 생각해요. 자연을 파괴할 수 있어요.

그러지 말고 만물을 생명체로 보자는 것입니다. 그러면 인간이 죽어서 생기는 한 줌의 재 역시 생명체가 되죠. 땅으로 가서 자양분이 되어서 다른 생명을 양육시키죠. 식물의 꽃으로 피고, 열매를 맺고, 다시 그 열매를 동물이 먹고요. 동물은 우리가 먹습니다. 순환이 일어나죠.

언뜻 불교의 윤회설輪廻說을 말씀하시는 것 같아요.

윤회는 영혼에 관한 것이고요. 이것은 전혀 다른 생명의 순환을 말하는 것입니다.

윤회 사상은 죽으면 육신에서 영혼이 나간다는 이원설이죠. 오히려 부처는 '너희들이 만약에 고뇌에 빠져 번뇌를 버리지 못한다면, 마치 기름처럼 불을 붙일 수 있다. 하지만 번뇌의 기름이 없다면 불을 붙일 수가 없다. 번뇌의 길이 없다면 윤회하지 않을 것이다. 나는 윤회를 반대하는 사람이다'라고 말했습니다. 그 당시 힌두교의 윤회설을 부정했죠.[25]

그런데 왜 '불교=윤회 사상'이라고 잘못 알려진 것일까요?

윤회 사상은 부처 이전부터 퍼져 있던 보편적인 인도의 사상이었습니다. 불교의 연기적 세계관을 설명하는 데 있어 윤회설만큼 명료한 설명을 할 수 있는 이론이 없어서 불교가 받아들인 것이고요.

혹시 인도의 신분제도인 카스트Caste[26] 제도가 윤회 사상에 영향을

---

25 윤회 사상이 불교의 대표적인 교리라고 생각했기에 부처가 윤회를 반대했다는 대목에서는 이 교수에게 몇 번이나 되묻지 않을 수 없었다. 근원적으로 거슬러 올라가면 분명히 부처가 '윤회설로 사람들을 겁박하지 말라'고 제자들에게 강조했는데, 이후 불교 성직자들이 밥벌이가 힘들어지자 다시 윤회설로 신자들에게 재물을 받았다고 한다. 예수가 여러 마을을 돌아다니며 문답을 통해 교리를 설파한 초기 역사와 달리 기독교도 시간이 지나면서 교회 건물을 짓고, 십일조를 만들며 비슷한 역사를 밟았다는 것이다.

26 인도의 세습적 계급 제도. 승려 계급인 브라만, 귀족과 무사 계급인 크샤트리아, 평민인 바이샤, 노예인 수드라의 네 계급을 기원으로 나뉜다. 계급에 따라 결혼, 직업, 식사 등의 일상생활에 엄중한 규제가 있다.

미쳤나요?

노예인 수드라 계급층에게 '열심히 일해야 죽으면 다음 내세에 좋은 데 간다'고 말했죠. 사실은 알 수 없는 건데요. 저항하지 않게 하는 일종의 통치술이에요.

칸트Immanuel Kant27도 '신의 존재를 증명할 수 없지만, 있다고 생각하면 인간에게 유용하다'고 했습니다.

불교에서 '중도中道'라는 말이 있어요. 세계나 모든 존재, 인간의 자아가 실제로 영원히 존재한다는 상견常見에도 집착하지 말고, 세상만사가 무상하듯 사람도 한번 죽으면 몸과 마음이 모두 없어져 공무空無로 돌아간다는 단견斷見에도 집착하지 말라는 겁니다. 그게 중도입니다. '영혼이 있다 없다'에 크게 신경 쓸 것이 없다는 거예요.

---

27 독일의 철학자(1724~1804). 경험주의와 합리주의를 통합하는 입장에서 인식의 성립 조건과 한계를 확정하고, 형이상학적 현실을 비판하여 비판철학을 확립하였다. 저서에 《순수이성 비판》, 《실천이성 비판》, 《판단력 비판》, 《영구평화론》 등이 있다.

별은 순응하며 살아가죠

별도 생로병사를 한다고 하셨는데요. 별을 불교의 인연생기 관점에서 보면 어떤가요?

먼저 인연생기를 좀 더 설명해야 할 것 같군요. 인연생기는 양면성이 있어요. 고통과 쾌락, 행복과 불행, 삶과 죽음…. 동전의 앞뒤처럼 동시에 같이 있죠. 앞면이 나오면 뒷면은 숨어서 함께 나타나지 않아요. 비동시적 동거성이죠. 행복이 앞에 나오면 행복한 사람은 불행을 안고 있는 겁니다. 영원히 행복하지 않을 것이란 뜻이죠. 행복에 대한 집착과 고통에 대한 집착을 버리라는 겁니다.

죽음을 코앞에 둔 암 환자도 삶에 대한 집착을 버려야 한다는 것인가요?

생에 대해서도, 죽음에 대해서도 집착하지 말아야죠. 그게 중도 사상이고, 생사불이生死不二 사상입니다. 우리 생활에서 불이不二 사상만 가지면 집착이 없어져요.

집착은 너무 편하게 살고 싶은 것이죠. 그런데 집착이 진취력을 차단시켜요. 거꾸로 집착을 놓으면 삶이든 일이든 앞으로 나아가서 이뤄갈 수 있어요.

사람은 사람과도, 자연과도 연결되죠. 어느 하나를 내 마음대

별은 부처예요.
별은 무위적으로
자연에 순응하며
살아갑니다.
'여여^{如如}하다'고
하죠. 있는 그대로의
모습, 조급하지 않고
평상심으로 사는
것이죠. 남에게
피해를 주지 않고요.
가치를 충분히
발휘한 뒤에는 생과
사가 같으니까요.
죽음에 대해
두려워하지 않고,
그냥 가는 거니까요.

로 할 수 없으니까요. 나 혼자 생각만으로는 안 됩니다. 대상이 없는 주체라는 말은 특별한 대상을 고정적으로 하지 말고, 모든 게 연결되어 있다는 생각을 가지라는 겁니다. 부처도 보리수나무 아래에서만 깨닫지 말고, 중생 속으로 내려가라고 말했다죠. 내려가서 주고받으라고 했어요.

별은 생과 사에 집착하지 않나 봐요?

별은 부처예요. 별은 무위적으로 자연에 순응하며 살아갑니다. '여여如如하다'고 하죠. 있는 그대로의 모습, 조급하지 않고 평상심으로 사는 것이죠. 남에게 피해를 주지 않고요. 가치를 충분히 발휘한 뒤에는 생과 사가 같으니까요. 죽음에 대해 두려워하지 않고, 그냥 가는 거니까요.

진짜 부처님 같은 말씀이네요.

죽으면 내 시신을 병원에 기증하기로 했어요. 육신이 실험실습용으로 쓰이는 게 낫겠다고 생각해서요. 쓸만한 장기가 있어서 다른 사람에게 주든, 시신을 해부해서 공부하는 데 쓰든 내 몸을 활용하라고 했죠. 기증하기로 한 지 오래됐어요. 항상 주머니에 기증희망등록증[28]을 갖고 다녀요. 등록증에 적힌 번호로 전화하면 병원에서 바로 시신을 가져간다고 해요. 거기에 유언도 미리 적어놨어요. 죽었을 때 아무로 부르지 말라고요.

장례나 발인도 치르지 말라는 의미인가요?

아니 왜 치러요? 시신을 냉장고에 집어넣고 끝났는데요. 싫어요. 그래서 아무도 부르지 말라고 유언을 적은 거예요. 바쁜 사람들을 불러서 오라 마라 하지 말라고요.

나는 많이 늙었으니까 장기 기증은 안 되더라도 시신 기증은 되겠죠. 우리나라에 시신이 없어서 의대생들이 실습을 제대로 못한다고 해요. 한 사람이 시신 한 구를 갖고 실습해야 하는데, 여러 사람이 함께 한다고 해요. 뼈도 없어서 독일에서 수입한 모조 뼈를 쓴다고 합니다.

혹시 불교는 신앙으로 믿으시나요?

신앙은 없어요. 그냥 공부하는 것입니다. 집사람이 경북 성주에 있는 절의 스님을 소개해줘서 불경을 공부하게 됐지요. 조용한 스님이죠. 지금도 '자비를 나누는 수레꾼'이라는 봉사 모임에서 활동하고 있어요. 돈 좀 모아서 캄보디아에 학교도 지어주고, 우물도 파주고 여러 일을 합니다. 나는 기부금을 조금씩 매달 냅니다.

---

28 생명나눔실천본부가 발행하는 주민등록증만한 크기의 증서다. 뇌사 시 장기 기증, 사후 각막 기증, 시신 기증 등이 표시되어 있고 기증 받을 병원 연락처가 적혀 있다.

산책 인터뷰를 마칠 때가 되니, 이제야 '우리는 별에서 왔고 별처럼 살아야 한다'는 말씀을 조금은 알 것 같습니다. 천문학자가 불교를 공부한 이유도 알겠고요.

인간은 태양의 1억분의 1밖에 못사는 존재예요. 어찌 보면 하찮은 존재죠. 하지만 그러면서도 '위대한 존재'입니다. 왜냐하면 그런 환경 속에서 지혜를 쌓아 문명을 일으켰으니까요. 인류는 그 위대함을 올바르게 펼쳐야 합니다. 집착을 버리고 자기 일에 충실하고 착하게 살아야죠.

칸트는 '내 위의 별이 빛나는 하늘과 내 안의 도덕법칙이 나를 가장 경외심이 들게 한다'고 말했는데요. 그 말을 이렇게 생각합니다. 인간이 행하는 도덕률은 하늘의 이법을 따라야 한다고요. 칸트처럼 우리도 하늘의 별을 봐야죠. 아, 그의 박사 논문이 천문학이었어요.

송나라의 주희朱熹도 비슷한 말을 했습니다. 인간이 살아가는 모든 것은 자연의 이법을 따라가야 한다고요. 노자老子도 '사람은 땅을 본받고, 땅은 도를 본받고, 도는 하늘을 본받아야 한다'고 말했어요. 생물이 많다고 해도 모두 동등하죠. 생물이 자연의 이법을 어기면 안 됩니다.

마지막 질문입니다. 지나온 인생길을 되돌아본다면 소감이 어떠하신가요?

별로 없어요. 어릴 때부터 항상 앞을 보고 직선으로 가죠. 지금도 똑같고요. 직업도 그렇고. 아쉬움도 하나 없어요. 왜냐하면 내 능력 한도 내에서 충분히 노력했고요. 그 이상 욕심은 없어요. 내 능력과 한계를 알기 때문에 더 바라지 않았고 미련도 없습니다.

명예욕도 없어요. 차도 없거든요. 외국에서는 차를 썼는데, 관측을 위해서 어쩔 수 없었어요. 귀국해서는 항상 기사를 데리고 다녀요. 버스운전기사요. 하하. 돈 욕심도 없어요. 편한만큼 나쁜 것도 많거든요. 건강관리에서도 특별히 챙겨먹는 것은 없고요. 그저 좋은 음악 듣고, 매일 산책하고요. 술 담배는 안 하고요.

이시우 천문학자는 정말 부처 같은 분이다. 별을 연구하면서 천리天理를 터득하고 실생활에서 실천하고 있기 때문이다. 인터뷰 말미에 자신이 죽어서 남에게 폐를 끼칠 수도 있는 장례 절차를 치르지 말고 유족들이 집에서 TV나 보라는 말에는 일반인의 시각으로 언뜻 이해하기 힘들었다. 비현실적이거나 이례적인 유언으로 들렸기 때문이다. 말이 쉽지 현실 세계에서 실천하기 어려운 내용이다.

그는 사상적으로 불교에 파고들었다. 이념적 종교보다 우주의 구성과 작동 원리가 평생 연구해온 천문학과 맞아떨어졌기 때문으로 볼수 있다. 그런 점에서 부처도 천문 철학자가 아니었을까 하는 생각이 든다.

'별 볼 없다'며 천문학자를 실생활에서 큰돈 벌지 못하는 직업이라고 말하는 이시우 박사. 하지만 그는 '별을 보며' 큰돈보다 더 가치 있는 하늘의 이치를 깨달았고, '별처럼 살라'는 신조를 독자들에게 전한다. 별의 생로병사처럼 탄생과 성장 과정에서 치열하게 육체적 노동을 하면서도, 남에게 해를 끼치지 않아야 한다고도 강조한다.

그가 삶으로 보여주는 '무위자연無爲自然' 철학은 오늘을 사는 우리에게 시사하는 바가 크다. 우리 몸이 별에서 왔듯이, 우리 정신도 별에서 왔기 때문이리라.

두 번째 인생 수업 인터뷰

우리 몸이 아픈 것은

당연한 일입니다

강신익 의철학자

강신익 의철학자

1957년 경기 안양에서 출생했다. 서울대학교 치과 대학을 졸업하고 동 대학원에서 석사 학위를 받았다. 이후 인제대학교에서 의학 박사 학위를 받았다. 치과의사로 일하다 마흔 살에 영국으로 유학을 떠났다. 웨일즈스완지대학교 의철학대학원에서 의학과 관련된 철학과 역사를 공부하고 인문의학 석사 학위를 받았다.

인제대학교 인문의학연구소장을 지냈고, 한국의철학회 회장을 역임했다. 현재 부산대학교 치의학전문대학원에서 의료인문학을 가르치고 있다.

지은 책으로《몸의 역사》,《불량 유전자는 왜 살아남았을까?》,《인문예술치료의 이해》(공저),《시민의 인성》(공저),《통섭과 지적 사기》(공저),《의학 오디세이》(공저),《의대담》(공저),《현대 정신의학 잔혹사》(공저),《Philosophy for Medicine》(공저),《의학개론》(공저) 등이 있으며, 옮긴 책으로《환자와 의사의 인간학》,《고통 받는 환자와 인간에게서 멀어진 의사를 위하여》등이 있다.

첫 번째 인생 수업 인터뷰에서 별과 우주, 우주와 인간과의 인연을 탐험해봤다. 그렇다면 별에서 왔다는 우리 인간의 지금 몸 상태는 어떤가? 온전한 상태인가? 불완전한 진행형일까? 21세기를 살아가는 우리 몸에 대해 궁금한 게 많다. 사람의 몸은 어떻게 변해왔는가? 또 무엇을 간직하고 있을까?

두 번째 인생 수업 인터뷰에서는 사람의 몸을 철학적으로 연구하는 학자를 만난다. 의哲철학 또는 의료인문학은 인체의 구성과 역사, 문화를 어떻게 볼 것인가를 연구하는 분야다. 말하자면 인간의 생로병사를 과학적(현미경)으로 해독하면서 인문학적 가치(망원경)로 생명을 이해하려는 학문이다. 아직 생소한 분야다. 국내에서도 몇몇이 개척의 길을 걷고 있을 뿐이다. 치과의사에서 의철학자로 변신한 강신익 교수가 바로 그런 개척자다. 철학자 같은 의사와 함께 산책하며 몸과 건강, 질병에 관해 이야기를 나눈다.

산책을 자주 하시나요?

부산의대가 있는 경남 양산에서 객지생활을 하는데요. 아침
6시에 일어나서 1.5킬로미터 거리의 학교까지 출근할 때 걷
거나 자전거를 탑니다. 퇴근할 때도 마찬가지고요. 집에 와서
는 집 앞에 양산천이 잘 가꿔져 있는데, 그 길 따라서 근처에
있는 양산타워까지 혼자 가서 차 한 잔을 하죠.

걸으면서 주로 무슨 생각을 합니까?

남들이 나보고 '활자 중독'이라고 해요. 태블릿에 책을 스캔한
콘텐츠를 저장해서 항상 갖고 다녀요. 킨들은 너무 크고, 대
형 서점에서 파는 전자책 단말기는 읽을 수 있는 책이 많지 않
아서요. 태블릿에는 1000권 정도 저장할 수 있어요. 책을 낱
장으로 잘라서 직접 스캔을 해요. 갖고 다니며 늘 읽죠. 찻집
에서 읽고, 버스나 전철에서도 읽고 그러면 좋잖아요. 걸을
때는 오디오북으로 듣기도 하고요.

활자 중독이라는 소리를 들을만하네요. 그런데 활자 중독은 좋은 거
아닌가요?

활자가 직업에 도움을 주는 것으로서는 괜찮은데… 문자가

나온 지 불과 1만 년도 안 됐잖아요. 몇 천 년밖에 안 됐죠. 활자에 매달리면 거꾸로 원초적인 것을 잊어버릴 수 있습니다. 그 옛날 공자 같은 성인들 중에 책을 직접 쓴 사람이 없잖아요. 소크라테스Socrates[29]가 썼습니까? 부처나 예수가 썼나요? 제자들이 몇 백 년 뒤에 썼죠. 처음에 성인들의 어록을 활자로 만들었을 때 '활자로 전하는 게 맞느냐'는 논쟁이 많았다고 하잖아요. 어록이 다 대화록이잖아요.

근대 이전의 교육은 문답問答을 통한 러닝learning이었죠.

맞아요. 학문學問이란 말을 보면 '묻고 배운다'는 뜻이죠. 공부를 정확히 표현한 단어라고 생각해요.

하루 한 권 정도 스캔을 해서 읽지만, 사실 많이 읽는 것만이 능사는 아니란 생각이에요. 요즘은 예전에 읽었던 책을 다시 읽습니다. 활자 위주의 공부가 왜 문제인가 하면, 활자는 이성 중심이잖아요. 요즘 인문학을 공부해야 한다는데, 그게 다 지나친 이성 중심주의에 대한 일종의 반성입니다.

책을 엄청나게 읽고 또 쓰는 분이 이런 말씀을 하시니까 헷갈리네요.

29 　고대 그리스의 철학자(B.C. 470?~B.C. 399). 문답을 통하여 상대의 무지(無知)를 깨닫게 하고, 시민의 도덕의식을 개혁하는 일에 힘썼다. 신(神)을 모독하고 청년을 타락시켰다는 혐의로 독배(毒杯)를 받고 죽었다. 그의 사상은 제자 플라톤의 대화편(對話篇)에 전하여진다.

공부는
사이언스(지식)와
휴머니티(인문학)를
골고루 해야 합니다.
그런데 우리는
상대적으로
휴머니티를 소홀히
해왔어요. 인문학에
대한 갈구는 감성에
대한 갈구예요.
다시 말하면
학문으로서의
인문학이 아닌
예술을 포함한
전반적인 휴머니티에
대한 갈구입니다.

공부는 사이언스(지식)와 휴머니티(인문학)를 골고루 해야 합니다. 그런데 우리는 상대적으로 휴머니티를 소홀히 해왔어요. 인문학에 대한 갈구는 감성에 대한 갈구예요. 다시 말하면 학문으로서의 인문학이 아닌 예술을 포함한 전반적인 휴머니티에 대한 갈구입니다. 니체가 말했던가요. '교양인이야말로 교양을 죽인다'라고요.

이 대목에서 단도직입적으로 묻지 않을 수 없네요. 치과의사를 하다가 갑자기 왜 철학을 공부하신 거예요? 말씀하신 것처럼 휴머니티에 대한 갈구였나요?

대학병원에서 일하다가 경기도 평촌에서 개업을 했어요. 그런데 점점 일이 싫어지더라고요. 어려서부터 '철학을 공부하고 싶다'는 꿈이 있었어요. 고등학생 때는 주로 니체의 철학책을 들고 다녔죠. 의학 박사 학위를 딴 뒤에도 그랬고요. 지금 생각해보면 치과대학에 입학할 때부터 이것은 직업일 뿐이라고 생각했던 것 같아요.

처음부터 치과대학에 가지 않고, 철학과에 갔다면 인생이 달라졌겠죠. 그러면 또 다른 의미에서 삶이 재미없었을 수도 있겠지만요. 하하.

영국에는 연고가 있어서 유학을 가신 건가요?

전혀 없었어요. 대학병원과 개업 3년을 포함해 치과의사를

20년 했습니다. 돈은 잘 벌고 있었지만, 일이 나를 갉아먹더라고요. 환자 앞에서 행복하지 않은 거예요. 그래서 '1년만이라도 떠나자' 결심했죠. 영국에 있는 대학에 편지를 썼는데 '오라'는 답신을 주더라고요. 그래서 바로 가족과 함께 갔죠. 기성용 축구선수가 뛰었던 스완지시티입니다. 영국에는 처음 가본 거예요.

그곳에서 석사 과정을 했는데, 논문 주제가 '동서의학 체계를 비교'하는 거였어요. 학과이름이 '철학과 건강관리Dept. of Philosophy and Healthcare'예요. 본격적인 철학 공부는 아니고 곁다리 철학인 셈이죠. 다만, 의학과 관련된 철학이죠.

신기하게도 수업은 교수님과 함께 공원을 걸으면서 했어요. 담당 교수님이랑 '어느 공원에서 둘이 만나자'고 약속을 합니다. 유명한 교수는 학생이 많아 힘들지만, 나의 담당 교수님은 다행히(!) 학생 수가 적어서 2시간씩 걸었어요. 그러는 동안 '당신이 제안한 논문 아웃라인을 봤다'며 이런저런 코멘트를 해줘요. 걷다가 식물을 가리키며 식물 얘기도 하고, 살아가는 얘기도 해가면서요.

한국에서 교육을 받은 사람들은 상상하기 힘든 장면이네요. 공부를 해보니 동서양의 의학이 어떤가요?

치의학을 전공했으니 서양의학이 기본 바탕인 셈인데, 한의학의 사유 양식을 배울 필요가 있겠다 싶었어요. 동양의학을 보충 내지는 융합을 해보고 싶었죠. 석사 논문 제목이 '문화로 서의 몸The body as culture'이고, 부제는 '동서양 의학의 관점에서 본 몸'이었어요. 두 전통을 비교한 거예요.

데카르트René Descartes[30] 이후 의학을 포함한 근대과학이 기계 론機械論, 즉 모든 것을 잘게 쪼개서 분석하는 환원주의還元主義 에 치우쳤습니다. 특히 서양의학은 심신 이원론에 바탕을 두 고 정신을 따로 떼놓고 신체 장기의 조직을 분석했어요. 이에 반해 동양의학은 신체 조직 간의 연결 기능을 중시했죠. 두 가지 다 필요하다는 생각입니다.

의철학이 뭔가요? 공부하신 것은 어떤 도움이 되었나요?

한국으로 돌아와서 미진한 철학 공부를 더 했습니다. 경기도 고양에 있는 일산백병원 치과에서 일하면서, 경남 김해에 있 는 인제대에서는 의과생을 대상으로 철학 강의를 했죠.

사실 처음부터 의철학이 필요해서 공부한 것은 아닙니다. 나 의 실존 문제를 풀기 위해 공부를 시작한 건데요. 하다 보니 풀고 싶었던 문제가 풀렸어요. 이 과정에서 의철학이 있다는

---

30   프랑스의 수학자·철학자(1596~1650). 근대철학의 아버지라 불리며, 해석기 하학의 창시자이다. 그는 모든 것을 회의한 다음, 이처럼 회의하고 있는 자 기 존재는 명석하고 분명한 진리라고 보고, '나는 생각한다. 고로 나는 존재한 다.'라는 명제를 자신의 철학적 기초로 삼았다. 저서에 《방법 서설》, 《성찰(省 察)》, 《철학 원리》 등이 있다.

것을 알게 됐죠.

의료와 인문학의 위기라는 말을 많이 하는데요. 현대적 과학
기술이 의학에 도입된 이후 과학기술의 도구적 이성이 철학
의 성찰적 이성을 대체한 때문이라고 할 수 있습니다. 이 문
제를 함께 고민하고 극복하고자 실천가와 연구자들을 모아
한국의철학회를 함께 만들었어요.

아직도 수업 시간에 학생들한테 여러 질문에 대한 답을 명확
히 설명하기가 굉장히 힘들어요. 확립된 학문이 아니니까요.
그래도 '사람 없는 의학에 반대하고, 의학에 영혼을 불어넣는'
의철학이 필요하다는 얘기는 많이 합니다. 의사들의 가치관
이 필요하죠.

좀 전에 말씀하신 '한의학의 사유 방식을 배울 필요가 있겠다'는 대
목이 인상적인데요. 대부분의 양의사들은 한방을 무시하는 것 같던
데요?

'양洋의사'라는 말 자체를 싫어하는 의사들도 있습니다. 한의
사는 의사가 아니라는 의미죠.

편의상 구분하여 말하자면, 양의학 내에도 문제가 있고 불완
전하다는 것을 알아요. 그래서 양의 문제에 대해 비판을 하는
데, 나도 양의인데도 거꾸로 양의 내에서 욕을 많이 먹습니다.
내가 인문학 공부를 시작한 것도 이 문제를 인식해서예요.
양의 내부로 들어가면 철학적인 문제가 많아요. 방향이 잘못

된 게 많고요. 실제로 치료 방식이 과학적으로 증명된 것이라고 하지만, 그렇지 않은 것도 많거든요. 불확실하고, 우연에 의해 치료하고, 증거를 갖지 않은 치료법들이 있잖아요? 그런데도 많은 사람이 맹신을 하죠. 비판적으로 봐야 해요. 양의를 비판적으로 보기 위해 한의를 기웃거렸고요. 한의는 역사와 철학적으로 보면 여전히 배울 게 많아요.

그렇다고 한의 쪽에는 문제가 없는 것은 아니에요. 그쪽도 역시 문제가 많아요. 둘 다의 문제를 알게 된 거죠. 그래서 지금은 한의에 대해서도 비판적으로 돌아섰지만요. 어쨌든 새로운 의학이 필요하다고 생각해요.

아픔은 위대한 자연현상의 하나일 뿐

이제 본격적으로 몸과 건강, 질병에 대해 이야기를 나눠보죠. 먼저 막연한 질문일 수도 있는데, 사람의 몸은 무엇이라고 생각하십니까?

몸은 나죠, 뭐. 내 얘기가 아니라 현상학現象學[31] 쪽 철학자들이 한 얘기인데요. '몸은 나고, 나는 몸이다'라는 것이죠. 분석

---

31 독일의 철학자 후설(Edmund Husserl)에 의해 창시된 철학운동의 하나. 의식에 직접적으로 부여되는 현상의 구조를 분석하여 기술하는 학문이다.

적으로 쪼개서 볼 수 있는 것이 아니라는 겁니다. 물론 의학적인 사실을 발견한다든가 할 때는 방법적으로 분석해야죠. 하지만 삶의 몸은 앎입니다. 즉 행위들이, 동사들이 모인 것이죠. 행위 인식과 다 합쳐 있다는 뜻입니다. 내재된 문화나 유전도 포함하죠.

좀 더 구체적으로 (이해할 수 있게) 설명을 해주시죠. 하하.

몸에는 시간적인 단위로 보면 진화, 역사, 생애 등 세 가지가 있어요. 진화는 인간 이전의 역사를 담고 있는 역사죠. 상당히 많은 것을 담았죠. 유전자의 DNA 배열 중에서 실제 유전자를 구성하는 비율은 5%도 안 된다고 하잖아요. 나머지 95% 이상이 정크junk(쓰레기) DNA라고 하는데. 사실 그 안에 생명의 역사가 담겨 있을 수 있죠. 배열을 보니까 자꾸 반복되는 게 많아서 지금은 쓰레기라고 해요. 하지만 모종의 역할을 했을 것이라고 추정합니다. 역설적으로 축적된 것이죠. 예컨대 컴퓨터를 오래 쓰면 느려지잖아요. 컴퓨터를 청소한다고 이것저것 지워버리면 기능이 작동되지 않을 수 있습니다. 마찬가지로 DNA에서도 어떤 것을 없애버리면 문제가 생길 수도 있죠. 결국 우리 몸이 아픈 원인은 자기 보호와 디자인의 불완전성 때문이라고 봅니다.

니체도 '아무것도 버릴 것이 없으며, 없어도 좋은 것이란 없다'고 했습니다. 그런데 디자인의 불완전성이란 의미는 혹시 창조론을 말씀하시는 것인가요?

창조주가 만든 게 아니고요. 진화론적으로 디자인되긴 됐는데, 우리 몸은 누더기 같은 것이라는 얘기입니다. 필요할 때마다 갖다 붙이다 보니까 완벽할 수 없다는 거예요. 우리 몸이 진화에 의해 지금과 같은 몸이 됐다고 하면 원리상 완벽한 몸이 될 수가 없어요. 원시의 수렵채집시대인 수만 년 전의 몸 상태까지 진화된 거죠.

우리 몸은 아직도 다윈Charles Robert Darwin32이 말하는 자연선택自然選擇33이 진행 중인 것인가요?

환경에 적응하기 위해 선택은 계속되고 있죠. 너무나 긴 시간에 걸쳐 진행된 진화라서 우리가 인식하지 못할 가능성이 큽니다. 진화는 수십억 년의 역사를 가졌다고 우리가 거꾸로 추론하죠.

우리 몸의 역사를 어떻게 알 수 있느냐 하면 기록으로 알 수 있는 부분이 많아요. 예를 들면 이집트 시대의 미라, 네안데

---

32 영국의 생물학자(1809~1882). 남반구를 탐사하여 수집한 화석 및 생물을 연구하여 생물의 진화를 주장하고, 1858년에 자연선택에 의하여 새로운 종이 기원한다는 '자연선택설'을 발표했다. 저서에《종(種)의 기원》,《가축 및 재배 식물의 변이》등이 있다.

33 생물의 종은 자연선택의 결과, 환경에 적합한 방향으로 진화한다고 하는 학설. '자연도태'라고도 하며 진화 메커니즘의 핵심이다.

르탈인과 호모에렉투스의 유골 등을 보면 그들이 어떻게 살았을까 추론할 수 있죠.

우리 몸의 역사는 약 35억 년의 지구 생물사에서 보면 아주 짧은 기간이네요.

길어봐야 몇 십만 년이죠. 진화의 추론에 따라 인간이 700만 년 전에 침팬지에서 갈려서 나왔다고 한다면 침팬지의 몸을 통해 우리 몸을 추론할 수 있죠.

사람의 생애는 100년쯤 되는데, 의학은 바로 생애의 몸을 다루는 겁니다. 문제는 생애 전체를 다루지 않고 끊어서 단면만을, 즉 아픈 순간만을 보지요. 원래는 전체를 봐야 하는데요. 왜 아픈가를 판단하려면 과거 어렸을 때의 트라우마나 먹었던 것, 아픔과 경험, 예컨대 폐병이 있으면 흡연이랑 관련 있을 것 아닙니까? 아토피도 너무 깨끗하게 살았으면 그럴 수 있는 것 아니냐? 즉 생애주기에서 볼 수 있는 시간이죠.

생애에는 가족 이력도 포함되는 것인가요?

그렇죠. 짧게는 한 인간의 생애죠. 가족사도 있고, 부족이 있고, 역사까지 가고…. 더 나아가면 진화까지 들어가고요.

좀 전에도 말씀드렸듯이, 우리 몸은 '진화-역사-생애'라는 세 단계를 담고 있는 그릇입니다. 몸은 삶이자 나 자신이고요. 내가 살아왔고, 해왔고, 알아왔던 역사이기도 하고요. '진화

우리 몸은 '진화-역사-생애'라는
세 단계를 담고 있는 그릇입니다.
몸은 삶이자 나 자신이고요.
내가 살아왔고, 해왔고, 알아왔던
역사이기도 하고요. '진화의
역사'가 '인류의 역사'가 되고,
곧 '내 생애의 역사'가 됩니다.

의 역사'가 '인류의 역사'가 되고, 곧 '내 생애의 역사'가 됩니다. 물론 종교에서는 몸을 달리 해석할 수도 있지만….

인간의 생애를 보면, 모두가 생로병사를 겪잖아요. 시작이 있으면 끝도 있듯이 생과 사가 있는 것은 알겠는데, 늙는 것도 사로 가는 과정이니 받아들일 수 있겠는데, 왜 병들고 아파야 하는 것인가요?

왜 아프지 말아야 하죠? 아프지 말아야 한다고 생각하는 우리의 가치가 내재된 겁니다. 우리는 '아프면 본인도 고통스럽고, 가족이나 주변 사람한테도 고통을 준다'고 말합니다. 그것은 인간 중심적인 얘기입니다. 자연의 입장에서는 아무런 의미가 없는데 말이죠. 자연은 인간이 아프고, 안 아프고 하는 것에 관심이 없어요. 인간이 아픈 것도 우주가 돌아가는 작동 원리의 하나일 수 있습니다. 왜냐하면 아픔이 생겼던 이유는 아픔을 유도하는 행동을 피하도록 만든 거였잖아요.

예를 들어, 어린애가 난로에 손을 대서 뜨겁게 느끼거나 화상을 입으면 다시는 손을 안 대잖아요. 아픔은 대개는 신체를 해치는 물리적 자극과 함께 오죠. 아픔이 그 자극을 피하도록, 예방하는 구조예요.

그런데 본인도 못 느끼는 아픔이 너무 많죠. 통증은 기본적으로 내 몸을 보호하기 위한 디자인이었을 텐데도, 우리 몸이 완벽하게 디자인되지 않아서 그럴 겁니다.

좀 전에 말씀하신 '디자인의 불완전성' 얘기군요?

자연 전체의 입장에서 보는 것하고, 고통을 겪는 사람의 입장에서 보는 것하고는 다를 수 있죠. 자연 전체의 입장에서 보면 아픔이 별 문제가 아니라는 겁니다. 우리가 신이 아니니까 고통을 당할 수밖에 없죠.

사람을 중심에 놓고 세상을 바라보면 보이지 않는 것들이 있어요. 그렇더라도 증명은 아니지만 추론을 통해 상당히 적절성을 얻어낼 수 있죠. 진화의 관점에서 보면 단기적으로 증명하기 어렵죠. 하지만 수많은 방계적인 증거를 통해 확증의 단계를 얻어냅니다. 예컨대 생애 주기가 짧은 초파리를 대상으로 실험을 하면 결과가 나타나죠. 변화를 금방 볼 수 있어요. 인간은 생애 주기가 너무 길어 실험할 수 없을 뿐, 진화는 대부분의 생물학자가 인정합니다.

인간은 자기가 실제로 아프지 않더라도 타인의 아픔에 공감하며 함께 아파하기도 합니다.

인간뿐 아니라 동물도 아픔과 고통을 공감하고 행동하죠. 네덜란드의 영장류 동물원에는 침팬지와 구별되지 않을 정도로 비슷하면서 인간과 가까운 보노보bonobo가 있습니다. 인간과 보노보는 DNA가 1.3% 정도밖에 차이 나지 않는다고 하는데요. 두 발로 걷는 시간이 길고, 음성 체계가 사람과 다르지만 언어 학습 능력도 있다고 해요. 침팬지는 충동적이고 호전

적이어서 싸움을 많이, 자주 하는데요. 보노보를 관찰해보면, 다른 개체를 '왕따'시키고 괴롭히는 사례가 발견된 적이 없다고 해요. 갈등이 생기면 폭력이 아니라 섹스를 통해 해결합니다. 싸울 일이 있으면 우선 섹스부터 하는 거예요. 평소에도 친근함과 호의를 표현하는 수단으로 섹스를 해요. 동성 섹스도 일반화되어 있죠. 왜 이렇게 침팬지와 다를까 하고 연구를 했더니, 보노보의 뇌는 '공감'을 관장하는 부위가 더 발달해 있다는 거예요. 상대의 고통이나 걱정을 더 쉽게 감지한다는 것이죠.

다른 개체의 고통과 아픔에 대해 공감을 느끼고 도와주는 행동을 하는 동물의 사례는 아주 많아요. 칠레에서는 개가 차에 치였는데 다른 개가 물어서 길옆으로 갖다 놓은 것을 누가 찍어서 유튜브에 올렸어요. 돌고래는 사람이 물에 빠져 익사할 것 같으니까 물 밖으로 사람을 올려서 숨을 쉬게 해주기도 하고요. 다른 얘기지만 인간과 동물 같은 자연계 개체들이 이기적으로만 행동한다는 전제는 틀렸다는 겁니다.

다시 우리의 몸으로 돌아와서요. 아픈 게 당연한 일이라고 치면, 건강의 개념을 지금과는 달리 바꿔야 하겠네요?

심하게 얘기하면 건강이라는 것은 현실에 없다고 생각합니다. 건강이라는 개념은 도달해야 할 목표 같은 것이거든요. 요즘은 웰빙well-being 바람까지 불고 있는데요. 아주 이상적인 말이죠. 진시황을 비롯해 모두가 이상을 갈망했어요.

서양의 건강이라는 뜻의 단어 'health'의 어원을 살펴보면, 'heal(치료)'과 'whole(전체)'을 합쳐 만들어진 거예요. 'health'에는 치료의 의미가 더해진 '보건'의 뜻도 있죠. 우리가 생각하는 지금의 개념하고 맞지 않아요. 세계보건기구WHO도 '신체, 심리, 사회적 안정 상태를 건강의 목표'라고 설정하고 있습니다.

우리는 어떤가요? 건강健康의 한자를 보면, 굳세고 편안해야 합니다. 아무 탈이 없고 튼튼한 상태를 말하는 거예요. 세상에 없던 말을 일본에서 100년 전쯤에 만들었다고 해요. 가능하면 건강이란 말이 없었으면 좋겠어요.

동아시아에서 '미병未病'이라는 말을 썼던 것을 찾았어요. '아직 병이 아닌 상태'죠. '미사未死'가 아직 죽지 않은 상태라면, 미병은 '아직 병이 나지 않은 상태'를 말하죠. 언젠가는 병이 걸리는데, 병을 디폴트default(채무 불이행)로 받아들이자는 것이죠. 뒤에서 이야기할 텐데, 미생물을 친구로 여기고요. 병을 그냥 받아들이자고요.

보편성을 이유로 이 책에서만큼은 '건강'이란 말을 써주세요. 하하. 병을 그냥 받아들이자는 것은 무슨 의미인가요?

나는 '건강하세요!'라는 인사를 몇 년 전부터 안 해요. 불가능하기 때문이죠. 불교에서 부처가 되라는 뜻인 '성불成佛하세요!' 하는 말과 비슷합니다. 너무 이상적이죠. 누구나 조그만

나는 '건강하세요!'라는
인사를 몇 년 전부터
안 해요. 불가능하기 때문이죠.
불교에서 부처가 되라는 뜻인
'성불成佛하세요!' 하는 말과
비슷합니다. 너무 이상적이죠.
누구나 조그만 병을 가지고
있으니까요. 그것을
인정하자는 거예요. 완벽한
몸이나 건강한 몸이란 없어요.

병을 가지고 있으니까요. 그것을 인정하자는 거예요. 완벽한 몸이나 건강한 몸이란 없어요. 연예인들이 TV에 나와서 심장 나이가 몇 살이라며 검사 결과를 말하는데, 실제로 그런 게 어디에 있어요? 우리가 뭐 기계인가요? 연식이나 성능을 수치로 말할 수는 없어요. 우리는 암암리에 우리의 몸을 기계로 생각하고 있습니다. 내가 기계가 아니라는 것을 깨우쳐야죠.

그래도 위생이나 영양, 의학 같은 것은 필요하잖아요?

그럼요. 필요하다기보다는 우리의 역사가 자연스럽게 그렇게 해왔다는 겁니다. '해야 한다'는 것보다는 '하면 좋다'는 것이죠. 우리가 손을 씻지 않을 수는 없잖아요. 손을 잘 씻어서 알레르기나 전염병도 예방하죠. 그런 것은 필요합니다. 무조건 아무것도 하지 말라는 게 아닙니다. 운동도 물론 좋죠. 문제는 해야 된다고 하면 스트레스를 받죠. 좋아서 해야죠.

의학이 엄청나게 발전했죠. 수천 년 동안 연구해온 것을 19세기 말에서 20세기까지 100년 동안 다 발전시켰으니까요. 어떤 개인의 객관적인 지식의 차원은 올라갔죠. 그럼에도 불구하고 모든 사람이 건강하게 사느냐는 다른 문제입니다. 보통 사람이 오해하는 게 있죠. 20세기에 와서 평균 수명이 2~3배 늘어났는데 다 의학 덕분이라고 생각하죠. 아주 일부만 맞아요. 예를 들면, 금방 말한 손을 씻는 위생 덕이 있지요. 위생과 영양이 거의 3분의 2 이상이죠. 의학이 기여한 바는 한 3분

1쯤 될까요?

멀리 갈 것도 없이 1960~1970년대만 지금과 비교해도 위생이든 영양이든 아주 월등히 좋아졌다는 것을 체감합니다. 요즘은 위생을 생각해서 1회용품도 많이 쓰고, 물티슈도 엄청나게 쓰고 있죠. 손 씻기뿐 아니라 아침저녁으로 샤워하는 사람들도 많이 있습니다. 이런 것들이 정말 위생에 도움이 되나요?

그렇게 생각하지 않아요. 샤워가 건강에 좋다는 것은 객관적인 지식이 아니라고 봅니다. 나는 샤워를 이삼일에 한 번 정도 합니다. 하하. 냄새날 정도는 아니고요. 머리는 하루 이틀 지나면 한 번 감고요. 수염도 자주 안 깎아요.

우리가 하루에 몇 번씩이고 애들을 씻기는데, 그게 반드시 좋은 방법이 아니라는 겁니다. 오히려 지나친 위생이 몸을 병들게 한다는 이론인 '위생 가설hygiene hypothesis[34]'도 있거든요. 하하. 주변에 보면 예전에 없던 병이 생겼는데, 그중 하나가 아토피 피부염입니다. 원인의 하나로 위생 가설을 말합니다. 너무 잘 씻어서 그렇다는 것이죠.

면역은 강하고 약함이 아니에요. 적절과 부적절로 봐야 한다는 겁니다. 아토피에 걸린 아이들은 면역력이 지나치게 과하

---

34 유아기에 감염 물질, 공생 미생물에 대한 노출의 부족으로 인해 면역계의 자연 발달이 억제되어 알레르기 질환에 대한 감수성을 증가시킨다는 가설. 현재 많은 미생물학/면역학자들이 이에 동의하고 있다.

다고 보는 것이죠. 면역력이 지나칠 경우 외부 세균이 우리 몸에 들어와 공격할 때 오히려 면역세포들이 과민하고 과다 하게 반응하여 외부 세균만 공격하는 게 아니라 내 몸 세포도 공격하죠. 이로 인해 치명적인 결과를 낳고요. 어려서부터 흙 도 만지고 하면 외부 세균에 점점 적응이 되는데 말이죠.

또 하나는 '기생충 가설'이 있어요. 예전에 우리 몸속에 기생 충이 얼마나 많았어요. 그 옛날부터 인간은 살기 위해 짐승을 사냥하거나 농사를 지어 그 수확물을 섭취해야 했는데, 그 모 든 과정에서 기생충이 도사리고 있었던 거죠. 수천 년 전 인 간의 대변 화석에서도 회충의 흔적이 발견될 정도니까요. 최 근까지만 해도 지방에 가면 인분을 밭에 거름이라고 뿌리고 는 했죠. 미생물이 포함되어 있기 때문이었어요. 그런데 구충 제가 보급되면서 우리 몸속의 기생충이 사라진 것이죠. 우리 나라도 1960년대부터 전국적으로 채변을 받아 기생충 검사 를 하고 구충제를 먹게 했어요. 문제는 우리 몸속에서 감염을 막는 유익한 기생충마저 없어지면서, 또 기생충에 맞서 수만 년에 걸쳐 발달한 우리의 면역체계가 상대할 기생충이 없어 지자 우리 몸을 건드리기 시작하면서 아토피 같은 병이 생겼 다는 것이죠.

요즘 사람들은 음식으로 인한 감염이나 질병을 예방한다고 소나 돼 지, 닭뿐 아니라 양식하는 물고기도 항생제 맞힌 것을 찾고 있어요.

사회적인 운동이 일어나야 합니다. 감동을 받았던 게 있어요. 미국 미생물학회에서 항생제에 대한 것뿐 아니라 미생물에 대한 인식을 바꾸자고 캠페인을 해요. 우리는 대개 '세균은 나쁜 놈'이라고 생각하는데, 미국 학회에서는 '세균(박테리아)과 바이러스 같은 미생물은 모두 친구다. 병을 일으키는 미생물은 극히 일부다!'라고 홍보를 합니다. 경쾌한 노래까지 만들어 '미생물과 친해지기'와 같은 문화적인 운동을 펼치는 거예요.

생각해보세요. 우리가 매일 먹는 김치나 된장의 발효균은 아주 유익한 세균이잖아요. 좋은 미생물이 장에서 살면서 소화도 도와주고 면역력도 높여주죠. 피부에서는 외부 환경으로부터 영향을 덜 받도록 도와주죠. 그러니 세상 모든 세균이 나쁜 놈이 아니라는 것, 병을 일으키는 극히 일부의 세균만 나쁜 놈이라는 것을 알아가자고요. 우리 몸에 붙어 있는 세균의 수가 우리 몸 세포(60조 개)보다 대략 10배가 많아요. 대체로 무난하고 무해하거나 때론 유익한 그들을 적으로 대할 게 아니라 잘 관리하며 함께 즐겁게 살자는 것입니다.

종교에서 과학의 영역으로 넘어온 의학

우리의 몸에서 시작해 건강으로 이야기를 이어오고 있습니다. 이제는 질병과 치료의 역사를 이야기해볼 텐데요.

원시의 수렵채취시대에는 맹수한테 물리거나 나무에서 떨어져서 다치는 외상이 주로 많았겠죠. 수명이 짧아서 지금과 같은 내과 질병은 없었을 것이고요. 그때에는 사람들이 상당히 건강했을 것으로 추정이 돼요. 물론 유행병들은 분명히 있었을 것입니다. 지금도 아프리카에서는 야생동물들이 유행병으로 죽는 경우가 많다고 해요.

건강했으면 오래 살아야지, 왜 수명이 짧았을까요?

건강한 것하고 오래 사는 것하고는 달라요. 생명을 앗아갈 만큼 수많은 위험 변수가 많았을 테니까요. 또한 인간의 '자연수명'도 짧았을 테고요.

수렵채취시대가 농경시대보다 오래 살았을 것이라는 연구와 주장도 있기는 한데요. 대체적으로 농경 생활을 하면서 먹고 사는 영양은 풍부해졌고, 주거 문제도 해결됐는데도 문제가 많이 생겨요. 에너지를 한두 가지에서만 취해서 그래요. 수렵채집 생활 때는 이것저것 열매를 따서 먹고 벌레도 잡아먹는 등 골고루 먹었는데, 농경을 하면서는 탄수화물 같은 에너지는 많이 섭취하지만, 그것을 대사시켜야 할 미네랄 같은 미세 원소가 부족해져서 거꾸로 영양실조에 많이 걸립니다.

또 하나는 정착하여 공동생활을 하면서 계급층이 생기는데, 대부분을 차지하는 아래 계층의 사람들이 점차 장시간 노동에 시달려요. 특히 이집트 시대의 노예 유골을 보면 관절이 닳아서 아예 없어요. 엄청나게 노동을 했다는 증거죠. 불구도 많고요. 노예들의 삶은 역사에 남아 있지 않거든요.

또 있어요. 수렵채취시대에는 사람들이 돌아다니면서 여기 저기에서 먹어서 청소할 필요가 없었죠. 모여 살기 시작하면서부터 쓰레기가 쌓여서 쥐나 해충이 들끓고 전염병이 생겼습니다. 산업혁명기에는 아동노동이 문제가 됐습니다. 거주지의 위생이 엉망인데다가 공장 매연과 열악한 노동조건 등으로 폐결핵이 많았죠.

인류가 모여 살기 시작하면서 질병이 생긴 거군요. 전 세계를 죽음으로 몰아넣은 펜데믹도 여러 차례 있었습니다.

삶의 질이 전반적으로 높아진 것은 지금 이야기죠. 역사의 관점에서 보면 지금처럼 무병장수하는 때가 없었어요. 전무하죠.

인류 전체로 보면 약한 사람은 다 죽잖아요. 견딜 수 있는 사람만 살아남죠. 질병의 숫자가 감소했는지, 증가했는지는 한마디로 얘기하기 힘듭니다. 내용이 변했죠. 대체적으로 병으로 인해 죽는 사람은 엄청 줄어들었죠. 그러니까 인구가 늘어나는 것 아닙니까? 중세 유럽에서는 페스트pest(흑사병)로 인구의 3분의 1이 죽었어요. 그런 대규모 재앙이 많았죠.

반면 현대에서 대규모 재앙을 막을 수 있었던 요인은 위생과 영양, 그리고 의학의 발달 덕분입니다. 인간의 수명이 늘어난 것은 19세기부터 최근까지의 200년 정도 시간에 일어난 일입니다.

근현대의 의학 덕분이라는 말씀이군요. 동양이든, 서양이든 전통의학이라고 말하는 고대 의학이 있는데요. 어땠는지 궁금하네요.

2500년 전쯤 그리스하고 중국에서 비슷한 시기에 의학이 생겨났어요. 기본적인 이론 구조가 비슷해요. 서양에서는 '물, 불, 흙, 공기' 4개 원소를 중요하게 생각했습니다. 동양에서는 5개 원소, 즉 '목화토금수木火土金水'의 음양오행설을 내세웠죠. 서양은 4개라서 조화 구조에서 보면 건강, 건습乾濕, 한열寒熱만으로 설명하느라 관계가 많지 않아요. 반면에 동양은 5개로 별 모양을 그리면 상생상극相生相剋으로, 다시 말해 서로 조화를 이루는 일과 서로 충돌하는 일 등 연관 관계가 무지 많이 나와요. 상상력을 발휘할 수 있는 소지가 많은 거죠.

근대의 눈으로 보면 동양과 서양 모두 상상력으로, 실체가 없는 형이상학적으로 추론했죠. 추론이 다 틀렸다는 것은 아닙니다. 상당 부분은 타당한 것도 있을 겁니다. 그러나 고대 의학이 실질적인 몸의 변화를 크게 일으켰다고 보기는 어렵죠.

중세 의학은 어떠했을까요?

서양에서는 4개 원소 중 지나치게 한 가지를 강조해서 피를 뽑아내는 방혈放血 또는 사혈瀉血이 너무 광범위하게 행해지죠. 그게 큰 피해로 나타납니다. 이론적 근거는 열이 많이 나면 그곳에 피가 많기 때문이니까 그 부위의 피를 뽑아서 열을 내려야 한다는 거였죠.

미국의 초대 대통령 워싱턴George Washington이 갑상선염(일각에서는 인후염이라고 한다.)을 앓았는데, 그의 주치의였던 러시Benjamin Rush도 사혈의 효과를 신봉한 의사였습니다. 목 주위 피를 뽑았는데, 무려 약 2리터 정도의 피를 뽑아서 결국 워싱턴 대통령은 사망하고 말았다고 합니다. 불과 200년 전의 일이죠.

왜냐하면 '의학의 아버지'라 불리는 히포크라테스Hippocrates[35]가 활약하던 기원전 5세기부터 널리 이용된 치료법 중의 하나였기에 당시 사람들은 이 방법이 옳다고 생각했으니까요. 서양 의학계에서는 갈레노스Claudios Galenos[36]의 권위가 너무나 크고 절대적이었기 때문입니다.

'사체액설四體液說'의 갈레노스 말이군요?

---

35 고대 그리스의 의학자(B.C. 460?~B.C. 377?). 경험적 지식에 의거한 의술을 펼칠 것을 주장하고, 의도(醫道)의 기초를 확립하여 '의학의 아버지'라고 불린다. 의사들이 입문할 때 맹세하는 '히포크라테스의 선서'로 유명하다.

36 고대 그리스의 의학자(129?~199?). 해부학, 생리학을 발전시켜 그리스 의학의 체계를 세웠다.

사체액설은 처음에 히포크라테스가 창시했습니다. 히포크라테스는 사람의 몸에 존재하는 네 가지 체액, 즉 혈액·점액·황담즙·흑담즙의 균형이 건강을 유지하게 하며, 어떤 이유에서건 네 가지 체액에 불균형이 발생하는 것이 질병의 원인이라 생각했지요.

갈레노스는 이를 더욱 체계화하여 세상에 널리 퍼뜨립니다. 더 나아가 몸속 체액에 불균형이 발생했을 때 이를 바로잡는 방법의 하나로 사혈(방혈)을 소개함으로써 오랫동안 질병 치료법으로 이용되는 계기가 된 것이고요.

아마도 처음에는 실체가 명확한 것은 피밖에 없고, 피를 집어넣을 수 없으니까 뽑았던 것 같아요. 훗날 방혈에서 동물의 피를 넣는 치료로 바뀌었고, 사람의 피를 넣는 수혈로 발전했는데요. 수혈로 사람을 살린 게 제1차 세계대전 때였습니다. 군인들이 전장에서 과다출혈로 많이 죽으니까 '수혈 부대'를 편성해 파견했죠. 현장에서 수혈했습니다. 피를 보관할 방법이 당시에는 없었던 거죠. 스페인내전이 본격화됐을 때예요.

생각만 해도 무섭습니다. 근현대로 넘어와서는 어떻게 되었나요?
베살리우스Andreas Vesalius37나 하비William Harvey38 같은 사람이 서양의

---

37   벨기에의 해부학자(1514~1564). 최초로 인체를 해부하고 그동안 신봉되어 온 갈레노스의 인체 해부에 관한 학설을 반박하였다. 근대 해부학의 창시자로 인체 해부서 《파브리카》를 지었다.

근대라 하더라도 16, 17세기의 베살리우스나 하비의 업적도 분명하지만 화학이나 해부학, 생리학은 그때까지만 해도 지식의 영역이었지, 치료법의 영역은 아니었어요. 19세기에도 프랑스에서는 사혈을 위해 거머리를 이용하기도 했으니까요.

실질적으로 치료에 도움을 준 것은 20세기 중반이에요. 1940년대에 항생제가 처음 나왔거든요. 그전에도 소독이 있었지만 항생제를 통해 사람을 살린 건 아니었습니다. 소독은 수술할 때 중요합니다. 제멜바이스Ignaz Philipp Semmelweiss[39]가 1847년에 산부인과에서 손을 씻는 소독을 처음 제안했죠. 이후에 항생제와 비슷한 설파sulfa제를 많이 썼는데, 부작용이 많아서 쓰다가 말았어요. 소독제는 감염을 예방할 수 있고, 항생제는 이미 감염된 것을 치료할 수 있는 거예요.

1943년 왁스먼Selman Waksman[40]이 스트렙토마이신streptomycin을 발견하면서 항생제 개발이 활발해졌죠. 19세기 말 최대 사

---

38 영국의 의학자·생리학자(1578~1657). 심장의 박동 수를 측정하여 운행 혈액량을 계산하고 혈액 순환설을 제창하였으며, 실험 생리학을 진흥시켜 근대 생물학 및 생리학의 선구자가 되었다.

39 헝가리의 산부인과 의사(1818~1865). 의사의 불결한 손가락이 산욕열의 원인이 됨을 밝히고 염화칼슘액으로 손가락을 씻어서 이를 방지하였다. 저서에 《산욕열의 원인, 개념 및 그 예방》이 있다.

40 미국의 미생물학자(1888~1973). 방선균(放線菌)에서 스트렙토마이신 등 항생물질을 발견하고, 그 이용 발전에 크게 기여하였다. 1952년 노벨생리·의학상을 받았다.

인死阀이 폐결핵이었는데, 최초의 항결핵제로 스트렙토마이신이 나오면서 효과적인 치료가 가능해졌어요. 물론 부작용도 생기고 내성도 발생했지만요.

의학사로 본다면 인류의 가장 위대한 발견은 페니실린penicillin이 아닐까 싶어요. 1928년 플레밍Sir Alexander Fleming[41]이 페니실린이라는 항생물질을 발견했고, 1939년 플로리Howard Walter Florey[42]와 체인Sir Ernst Boris Chain[43]이 페니실린을 대량 생산할 수 있는 방법을 고안해 성공하게 됩니다. 제2차 세계대전 중 전쟁 부상자 치료를 위해 대량생산이 시작되었고, 1940년대 이후 다양한 항생제가 나오는 기반이 되었습니다. 이후 수억 명이 그 혜택으로 목숨을 구할 수 있게 되었고요.

그럼 감기에 걸렸을 때도 항생제를 먹어야 합니까?

감기에는 항생제를 먹는 게 아니죠. 간혹 병원에서 감기 환자에게 항생제를 처방하는데, 그것은 2차 감염을 예방하기 위

---

41 영국의 세균학자(1881~1955). 항생물질인 라이소자임을 발견하고 곰팡이로부터 페니실린을 추출하여 항생물질 연구의 단서를 얻었다. 1945년에 노벨생리·의학상을 받았다.

42 오스트레일리아 태생의 영국 병리학자(1898~1968). 페니실린의 임상적 응용에 관한 연구로 1945년에 노벨생리·의학상을 받았다.

43 독일 태생의 영국 생화학자(1906~1979). 플레밍 등과 함께 페니실린의 임상 용법을 연구하여 그 치료 효과를 발견하였다. 1945년에 노벨생리·의학상을 받았다.

해 그런 것이지, 감기 자체를 치료하기 위한 것은 아니에요.
항생제는 세균(박테리아)을 죽이거나 생장을 방해함으로써 억
제하는 것이고요. 바이러스성 질환인 감기나 독감 같은 것은
효과가 없어서 치료할 수 없어요.

'감기는 약 먹으면 일주일, 약을 안 먹고는 7일이면 낫는다'는
말이 있잖아요. 하하. 실제로 약을 안 먹고 버티는 게 낫다고
생각해요. 너무 고통스럽고 그럴 때는 먹어야겠지만, 약을 안
먹으면 면역력이 커진다기보다는 내 몸이 환경에 맞도록 적
절해지는 겁니다.

저도 폐렴을 앓아봤는데요.

폐렴은 약을 안 먹으면 죽어요. 필수죠. 폐렴구균이 대부분의
원인이니까, 항생제 주사도 맞아야죠.
걱정되는 것은, 환자들이 가벼운 질병의 경우에도 지나치게
약을 오용하고 남용해서 먹는 거예요. 그래서 의사의 적절한
처방이 중요하죠.

의사 하니까 생각나는데요. 서양에서는 히포크라테스가, 동양에서
는 편작扁鵲44이 '명의名醫'로 알려져 있습니다. 선생님은 명의를 뭐라

---

44 중국 전국 시대의 의사(?~?). 임상 경험을 바탕으로 치료하였다. 장상군(長桑
君)으로부터 의술을 배워 환자의 오장을 투시하는 경지에까지 이르렀다고 전
한다.

고 정의합니까?

명의라는 말에는 가치가 들어 있어요. 병을 잘 고쳐 이름난 의사죠. 하지만 우리가 좋은 의사라고 하면 좀 다르죠. 좋은 의사는 '양의良醫'라고 할까요.

〈The Doctor(의사)〉라는 그림이 있어요. 19세기 말에 루크 필즈Samuel Luke Fildes라는 화가가 그린 것인데, '우리 시대의 의사의 지위를 기록하는 것'이라고 그림의 의의를 설명했죠. 수염이 덥수룩한 한 의사가 어느 오두막집에 왕진을 갔는데, 잘 사는 집이 아니었죠. 의사는 장티푸스에 걸린 어린아이에게 약을 먹이고는 밤새 곁에서 지켜보죠. 아버지도 지켜보고, 어머니는 지켜보다가 지쳤는지 엎드려 있고요. 이 그림은 (비록 아들은 죽었지만) 아들에 대해 보여준 의사의 정성에 감명을 받은 아버지 루크 필즈가 훗날 기억을 되살려 그린 그림이에요. 이 그림이 발표된 후부터 '양의' 하면 모두들 이 그림 얘기를 해요. 왜냐하면 당시는 의학이 '과학'으로 자리 잡으며 인간적인 면을 잃어가는 시대였고 중산층 이상이 되어야만 의사에게 치료를 받을 수 있었는데, 가난한 집 아이를 밤새 지켜보는 의사의 모습을 그린 그림이 당대 사람들의 마음을 울렸던 거죠.

하하. 다른 얘기인데요. 이 그림을 미국 의사들이 활용해요. 그들의 목적은 의료보험 반대였어요. 이 그림처럼 '우리가 잘 보살필 텐데, 왜 의료보험이 필요한가'를 홍보해서 자기네 주장을 지켰어요.

명의와 양의라…. 히포크라테스나 편작은 양의가 아닌가요?

양의죠. '히포크라테스 선서'를 우리 의사들이 얼마나 잘 지키는지는 별개의 문제죠.

아, 히포크라테스 선서는 처음에 만든 것하고 20세기에 만든 것하고 다르다는 것을 아세요? 선서 원본에는 신神이 나옵니다. 선서의 증인인 셈이죠. 대개는 학생과 스승 간의 계약 내용입니다. 예를 들면, 스승의 아들한테는 무료로 가르치겠다, 환자의 관계자들하고는 섹스를 안 하겠다 등이죠. 이런 내용이 나중에는 빠졌죠.

환자의 이익을 최우선으로 생각하겠다는 등의 거창한 내용은 1948년에 만들어진 거예요. 원본에 있던 내용은 거의 빠지고, 살아남은 문구는 낙태를 하지 않겠다는 내용 정도고요. 어쨌든 '환자의 권익을 최우선으로 생각하겠다'는 것은 가장 중요하죠.

편작도 능력이 매우 뛰어나 전설적인 인물로 알려졌는데, 윤리적인 내용은 전해진 게 별로 없어요.

고대 의학에서 시작해 현대 의학을 보면, 동서양이 비슷하게 시작했으나 지금의 모습은 완연하게 다른 것 같군요. 근대에서 현대가 되는 시기에 서양에서는 뭔가 소독도 하고, 페니실린도 개발하면서 의학을 과학화했는데, 동양은 왜 기존 치료법을 고집했을까요? 아니 왜 과학화를 못했을까요?

지금 우리가 가진 과학적 상식이 옳다는 전제에서 보면 그렇죠. 한의학은 구시대적이죠. 그래서 한의학 내에는 전통을 지키자는 쪽과 과학화하자는 쪽으로 나뉘어져 있습니다. 대부분은 과학화 쪽으로 가고 있고요.

문제는 한의학이 과학으로 증명될 수 있는 게 많지 않아요. 침의 효능에 대해서는 상당 부분 인정을 받고 있지만, 한약 효과는 결정적으로 비방秘方주의예요. 서양의학이 발전할 수 있었던 것은 보편적 지식으로 인정됐기 때문이라는 것에 비하면 그 이유를 알 수 있겠죠.

한방은 지금 교육 체제에서 서양 시스템을 따라가요. 그런데 한방은 기본적으로 대학에서 가르칠 성격은 아니라고 봐요. 대학의 한의학 커리큘럼을 보면 양의학이 절반 이상이에요. 해부도 배우고, 용어도 그렇고요.

안타까운 일이죠. 그래도 한의학의 전통이나 철학을 지켜져야 한다고 생각해요. 다양한 기능의 조화, 즉 전체를 보는 사유의 양식은 배워야 해요.

생명인문학의 관점으로

선생님이 그간 써오신 글들을 읽어보면 생명체 간 협력을 강조하더군요. 경쟁이 없다면 사회가 어떻게 발전하나요?

진화를 다시 봐야 한다는 것입니다. 여러 논문에 진화 논리를 썼는데, 진화를 오해한 부분이 많다는 내용이에요. 이제까지 진화의 모든 것을 경쟁 위주로 설명해왔어요. 그런데 경쟁으로 설명되지 않는 부분이 많다는 것이죠.

대표적으로 미국 사회생물학자 에드워드 윌슨Edward Wilson을 중심으로 사회 진화를 경쟁 위주로 설명해왔죠. 그런 그도 최근에는 자기 입장을 뒤집었습니다. 지금까지 영국 생물학자 리처드 도킨스Clinton Richard Dawkins가 주창한 '이기적 유전자 The Selfish Gene'의 논리를 지지해왔는데 바꾼 거죠.

평생 개미만을 연구해온 윌슨은 인간을 포함한 자연에서 협동의 사례가 너무 많다고 말했습니다. 협동이 진화에 분명히 기여했다는 것입니다. 경쟁도 분명이 있지만 경쟁만으로 설명할 수 없다는 거예요. 이 논쟁이 최근 세게 붙었어요. 지금도 계속 논쟁 중이죠.

경제철학자들도 협동의 동기를 두고 이기적이냐, 이타적이냐를 놓고 논란이 분분하기는 합니다. 그 논쟁은 어떻게 될까요?

윌슨이 처음에 '사회생물학sociobiology'을 설명할 때 도킨스처럼 철두철미한 환원적 유전자 중심주의자는 아니었어요. 왜냐하면 개미를 연구하는 사람이거든요. 맨날 보는 게 협동인데요. 어쨌든 말년에 와서 다시 본 거죠.

20세기 중후반까지만 하더라도 진화에서 협동을 말하면 사회주의자로 몰려 언급 자체를 못했어요. 이단 취급을 받았는데, 1980년대와 1990년대 말부터 수리적인 모델을 갖고 설명하는 생물철학자 엘리엇 소버Elliott Sober 등이 나타났어요. 이 주장이 조금씩 영역을 넓혀가더니 사회생물학의 원조인 윌슨까지도 이 논리에 동조하게 된 거죠. 다시 말하면, 경쟁이 우리 사회를 설명해왔는데 경쟁이 쇠퇴하고 있다는 것입니다.

그렇다고 경쟁 자체나 그 효용을 부정하는 것은 아니겠죠?

그런 것은 아니죠. 찰스 다윈도 이 문제를 고민했어요. 자연선택을 설명했지만 경쟁이 아닌 사례도 많이 봤거든요. 어쩌면 다윈의 자연선택은 적자 선택이 아니라 적자생존에 가깝다 정도가 아니었을까 싶어요. 어쨌든 해석하자면, 경쟁만으로는 설명하기가 어려운 시대가 왔다는 것입니다.

뇌과학에서도 마찬가지죠. 부분적으로 다른 사람이 아파하면 공감하는 것입니다. 안타깝게 쳐다보는 시뮬레이션을 해보니 그랬어요. 정도는 약하지만 느낀다는 것입니다. 중요한 발견이죠. 자동적으로 우리 몸이 무엇을 하고 있다는 것을 알고 있는 거죠. 사회현상에도 적용할 수 있습니다. 군대 내 구타 사망 사건을 보고, 이게 해서는 안 될 일이라는 것을 느끼는 것처럼요.

사회생물학은 초기에 진화 중심으로 설명했지만, 이제는 달리 볼 수 있는 면이 많다는 거죠. 단일한 논리가 아니고 뇌과학, 면역학, 생물학뿐 아니라 다양한 지식으로 사회현상을 설명하면 사회생물학보다 훨씬 인간적인 설명이 가능하거든요. 내가 조만간 발표할 논문 주제가 '달리 보기'인데, 사회생물학을 원용하되 '생명인문학' 관점으로도 보자는 겁니다.

다른 관점으로도 보자…. 예를 들면 어떤 게 있을까요?

100년 동안 지금의 평균수명인 80세 이상으로 늘어난 요인은 위생, 영양, 의학 등의 발전 덕분이라고 이야기했습니다. 거기에 더해 경제적인 성장으로 풍족해진 것도 있겠지요. 그런데 특이한 점은 1인당 국민소득이 1만 달러도 안 되는 쿠바의 평균수명(79.64세)이 6만 달러가 넘는 미국의 평균수명(78.38세)보다 높게 나왔다는 것입니다(2022, 미국 CIA).

영국 사회학자 리차드 윌킨슨Richard Wilkinson이 오랫동안 평균수명을 좌우하는 가장 큰 요인이 뭔가를 연구했습니다. 그는 위생, 영양, 의학 대신 '소득 불평등'이라는 데이터를 갖고 증명을 했어요. 예를 들면, 쿠바의 의료제도 자체가 굉장히 평등하거든요. 국민들이 아프면 당연히 무료로 치료를 받아요. 가난한 나라인데도, 심지어 베네수엘라 같은 주변국들에게 의사 교육도 시켜주잖아요. 다른 나라에 재앙이 닥치면 의사들도 파견해요. 기본적인 사회철학이죠. '아픈데 치료를 못 받아서 죽지는 않겠구나'라는 철학이죠.

그래서 이제는 평균수명을 따질 때 생물학적 차이, 공중보건의 수준, 사회문화적 차이, 사회환경적 차이 등 여러 관점으로 이야기하게 되는 거죠.

우리나라는 장수 국가 중 하나인데요. 앞으로 어떻게 전망하십니까? 또 의학은 어디까지 발전할까요? 무병장수의 꿈이 이뤄질까요?

글쎄요. 우리 사회가 어떤 방향으로 갈 것인가에 따라 다르겠죠. 미국과 쿠바의 사례에서 보듯이, 소득 불평등을 줄여 좀 더 평등한 사회로 가면 삶의 질과 평균수명이 올라갈 가능성이 높죠. 경쟁과 불평등이 심해지면 삶이 팍팍해지잖아요. 무병장수의 꿈은 무망無望하다고 봐요. 만약 그런 일이 벌어진다면 오히려 '재앙'이죠. 영생 자체가 불가능하다고 봐요. 미국에서는 인간 수명 142세를 예측하기도 했어요. 현재는 기록으로만 보면 최장수한 사람이 프랑스 장 칼멩Jean Calment(1875~1997)이라는 할머니로 122년 164일을 살았어요. 젊음을 되찾는다는 줄기세포 시술이니, 미래의 의료기술로 깨어날 수 있다는 냉동인간이니 하는데요. 그것은 다 사기예요. 믿거나 말거나죠. 사람의 욕망일 뿐이에요. 노화가 질병이고 이 질병을 치료할 수 있으며 수명을 1000세까지 늘릴 수 있다고 주장하는 영국 영생학자 오브리 드 그레이Aubrey de Grey는 사실상 사이비 종교인이죠.

글쎄요. 우리 사회가
어떤 방향으로 갈
것인가에 따라
다르겠죠. 미국과
쿠바의 사례에서
보듯이, 소득 불평등을
줄여 좀 더 평등한
사회로 가면 삶의 질과
평균수명이 올라갈
가능성이 높죠. 경쟁과
불평등이 심해지면
삶이 팍팍해지잖아요.

수만 년 전 원시시대의 몸까지만 진화됐다는 우리의 몸. '원시인처럼 뛰어다니며 살아야 적절한가?'라는 생각이 든다. 그래서 달리기와 등산, 수영 같은 운동이 우리의 신체와 정신에 도움이 되는지도 모르겠다.

우리 몸을 인문학적 관점에서 연구하는 강신익 의철학자를 처음에 만나 얘기를 듣다 보니 특이하다는 생각이 들었다. 일반 의학 상식과 다른 말을 하기 때문이다. 그런데 차츰 그의 말을 이해하다 보면 수긍이 가는 대목이 한둘이 아니었다. 지나친 위생이 아토피 같은 피부병을 일으킬 수도 있다는 위생 가설이 바로 그거다. 우리가 건강에 대해 과도하게 신경을 쓰고 있는 게 아닌지 되돌아보게 된다.

인간의 욕망은 무병장수를 바라지만, 아픔은 위대한 자연현상의 하나라는 의철학자의 해석이 비틀즈의 노래 'Let it be' 가사를 떠올리게 한다. 앞으로 수만 년 뒤에 인간이란 종이 살아 있다면 과연 어떤 모습을 지니고 있을까?

세 번째 인생 수업 인터뷰

삶에도 플라세보가
필요할 때가 있어요

조장희 뇌과학자

조장희 뇌과학자

1936년 황해 연백에서 출생했다. 서울대학교 전자
공학과를 졸업하고, 동 대학원에서 석사 학위를 받
았다. 이후 스웨덴 웁살라대학교에서 응용물리학
박사 학위를 받았다.

스웨덴 스톡홀름대학교, 미국 UCLA, 콜롬비아대
학교, UC어바인 등에서 교수를 지냈다. 귀국해서는
KAIST, 광주과학기술원, 가천의과학대학교 등에
서 석좌교수를 지냈다. 1972년에 CT의 수학적 해법
을 밝혀냈으며, 이어서 1975년에 세계 최초로 원형
PET와 2T MRI, 7T MRI 등을 개발했다. 이 공로로
노벨상 후보로 거론되었다. 현재 한국인으로 유일
하게 미국 학술원 회원으로 있으며, 고려대학교 녹
색생산기술연구소 석좌교수로 있다.

지은 책으로 《뇌영상으로 보는 뇌과학》, 《조장희-과
학자 조장희의 불꽃같은 삶》, 《7.0 Tesla MRI Brain
Atlas》 등이 있다.

앞서 인생 수업 인터뷰에서는 별에서 온 사람의 몸에 대해 알아봤다. 이번에는 그 몸을 움직이게 하는 뇌를 탐험할 차례다.

뇌는 근육의 운동을 조절하고 감각을 인식하며, 말하고 기억하며 생각하고 감정을 일으킨다. 뇌는 우리 몸의 각 부분을 통솔하는 기관이고, 신경계의 최고위 중추 기관이다. 자율신경계와 호르몬 분비를 통해 대사를 조절한다. 이 뇌로 인해 인류는 지구를 장악했고, 예술을 창조했으며, 우주를 탐사한다.

정신이란 무엇인가, 의식이란 무엇인가, 마음이란 무엇인가, 인간 정신의 한계는 어디까지인가? 이러한 인간 존재의 근본적인 문제들에 대한 해답의 열쇠가 바로 뇌의 어딘가에 있다고 생각했다. 그래서 고대 그리스 시대부터 이미 뇌를 연구하기 시작했고, 르네상스 시대에는 레오나르도 다빈치가 시체의 뇌를 해부했다. 이처럼 인류는 뇌를 캐보려는 탐구를 계속 해오고 있다.

그런데 다른 신체 조직과 달리 살아 있는 사람의 머리를 열어 보는 것은 어려운 일이었다. 1970년대 컴퓨터단층촬영장치(CT)Computer Tomography와 양전자단층촬영장치(PET)Positron Emission Tomography, 자기공명단층촬영장치(MRI)Magnetic Resonance Tomography라는 뇌영상 촬영 기계가 발명되면서 달라졌다. 산 사람의 뇌를 찍어서 어느 신경회로가 고장이 났는지 확인할 수 있게 됐다.

조장희 교수는 이들 세 종류 중 PET를 처음 발명하고, 나머지 기계도 고해상도 장치로 발전시킨 세계적인 과학자다. 뇌를 활성화하려면 머리와 몸을 함께 써야 한다고 강조하는 조 교수를 산책 인터뷰했다.

걷고 생각하며 자극하라

산책을 자주 하시나요?

아침 6시 20분에 아파트 근처의 공원에 나와서 40분씩 혼자 걸어요. 산책한 뒤에는 집에 들렀다가 출근하죠. 걷기는 참 좋은 것 같아요. 생각을 정리하고요. 오늘 할 일이나 '내일 일을 위해 뭘 준비하지?' 하는 생각도 하고요. 외국 출장을 가서도 가까운 데서 꼭 걷죠.

깊이 생각할 때도 있고, 걸으면서 단어를 외울 때도 있고요. 책상에 앉아서 공부한 것을 다시 복기하는 거죠. 공부는 이해하고 외워야 하는 것도 많은데, 외운 것을 다시 다듬을 때 기억이 돼요. 장기 기억으로요. 책을 읽은 뒤에는 생각나는 것이나 기억나는 것을 정리하면 좋죠.

친구분들은 자주 만나세요?

연구하느라 친구들은 별로 안 만나요. 친구들 만나더라도 술은 맥주만 반 잔 마셔요. 친구들한테 산책을 권유하면 농담만 하면서 실제로는 안 해요. 그런데 우리 나이면 진즉에 뇌졸중이 일어나고도 남을 나이거든요. 뇌졸중 환자가 걸으면 신체 기관이 거꾸로 뇌에 자극을 줘서 뇌가 살아나죠. 해당 뇌 부위가 터졌을 경우 몸을 자꾸 움직이면 옆의 뇌 부위가 그 역할을 대신 해줘요. 시간이 많이 걸리긴 하지만, 운동은 굉장히 좋은 거예요. 심장에도요.

걸으면 뇌에 자극을 줘서 뇌가 살아난다고요? 건강한 뇌를 만들려면 매일 걷거나 뛰어야겠네요.

심장에서 나오는 피의 20%가 머리로 갑니다. 뇌의 무게는 몸 무게의 2%밖에 안 되죠. 그러니까 운동을 하면 뇌가 다른 신체 조직보다 10배의 특혜를 받는 셈이죠. 운동하면 팔다리가 튼튼해지고 알통이 나오니까 좋아하는데, 그것은 부수적으로 생기는 거예요. 무엇보다 뇌가 좋아져요. 걷거나 뛰어서 뇌에 산소도 많이 공급하고, 영양도 많이 공급하면 늙어서도 알츠하이머Alzheimer⁴⁵병이나 파킨슨Parkinson⁴⁶병도 안 걸리고 얼마나 좋은데요. 술을 많이 마셔서 손상된 뇌도 회복할 수 있죠.

운동을 많이 하는 마라톤 같은 육상 선수들의 뇌는 어때요?

뇌 신경망을 보면, 운동을 많이 한 선수들이나 운동을 열심히

---

45 원인을 알 수 없는 뚜렷한 뇌 위축으로 기억력과 지남력이 감퇴하는 병. 노인성 치매와 거의 같은 뜻으로 쓴다.

46 사지와 몸이 떨리고 경직되는 중추 신경 계통의 퇴행병. 머리를 앞으로 내밀고 몸통과 무릎이 굽은 자세와 작은 보폭의 독특한 보행을 보이며 얼굴이 가면 같은 표정으로 바뀐다. 대뇌의 신경전달물질인 도파민이 줄어들어 일어나며, 연령이 높을수록 발생 빈도가 높다. 1817년에 영국의 병리학자 파킨슨(Parkinson, J.)이 보고하였다.

해서 건강한 일반인이나 크게 차이가 안 나요. 운동선수처럼 전문적으로 뛸 것까지는 없고요. 일반인이 매일 꾸준히 걷고 뛰는 정도만 해도 돼요.

뇌는 고무나 플라스틱처럼 줄었다 늘었다 합니다. 술 담배를 하면 뇌가 쪼그라들어요. 하지만 열심히 운동하면 팔다리에 근육이 조금씩 붙는 것과 똑같이 뇌 기능이 조금씩 늘어요. 달리기를 하면 기억 기능을 하는 해마海馬[47]가 커지죠. 그래서 달리기가 좋아요. 뇌는 젊을수록 회복이 빠르고, 나이를 먹어도 회복돼요. 정도의 차이는 있지만요.

그렇다면 몸을 안 움직이고, 뇌만 쓰면 어떻게 되나요?

손을 관장하는 뇌 부위하고, 생각하는 뇌 부위하고는 달라요. 몸 전체를 움직이는 운동을 많이 해야죠. 요즘 학생들을 보면 공부 많이 하는 것은 괜찮은데, 제발 운동 좀 시켰으면 좋겠어요. 운동 안 하고 공부만 하면 나중에 쓸모가 없어요. 우리가 자랄 때는 언덕에 올라 뛰어 놀고 넘어지고 하는 게 일상이었는데, 그게 다 뇌 자극으로 갔어요. 요즘 아이들은 학교와 학원만 차 타고 이동하는데, 크면 어떻게 되겠어요?

---

47 대뇌 반구의 일부를 이루며 다른 대뇌 겉질과는 전혀 다른 구조로 이루어진 부분. 측두부(側頭部)의 밑에서 내측벽(內側壁)에 걸쳐 돌출하여 있는데, 후각과 관련되며 인간은 다른 포유류보다 덜 발달되어 있다.

운동 말고 또 뇌를 살리는 방법은 없습니까?

신문을 보면 '과연 그럴까' 하고 생각하도록 하니까 뇌가 좋아지죠. TV도 생각하게 하는 프로그램을 보면 뇌에 좋아요. 물론 TV의 오락과 스포츠 프로그램을 보면서 도파민dopamine[48]이 나오게 하는 것도 좋죠. 영화가 다 나쁜 것은 아니에요. 시를 읽으면 뇌에 좋아요. 시는 뇌의 많은 곳을 활성화시키죠. 이성과 감성 모두를 자극하죠. 특히 전두엽前頭葉(이마엽)[49]을 쓰게 해요.

명상도 뇌에 효과가 있어요. 집중을 하는 거예요. 명상을 자꾸 하면 뇌 신경에 자극을 주죠. 음악도 뇌를 자극하죠.

아, 나뭇잎의 푸른색을 보면 왠지 기분이 상쾌해지죠? 뇌를 자극하는 오감(시각, 청각, 후각, 미각, 촉각) 중에는 시각이 자극하는 비중이 70~80%를 차지해요. 그래서 백문불여일견百聞不如一見이란 말이 뇌에도 딱 맞아요. 경치 좋은 곳을 바라보거나 아름다운 사람이든 동식물이든 미술작품이든 보는 것도 좋아요.

---

48 머릿골 신경 세포의 흥분 전달에 중요한 구실을 한다. 부족하게 되면 파킨슨병이 생긴다.

49 대뇌 반구의 앞부분. 운동 중추와 운동 언어 중추가 있고 사고, 판단과 같은 고도의 정신 작용이 이루어지는 곳이다. 포유류 가운데 고등 동물일수록 잘 발달되어 있다.

뇌에 좋은 음식은요?

없어요. 소고기를 먹나 돼지고기를 먹나 똑같아요. 뇌가 소비하는 산소와 포도당은 음식의 결과물이지요. 뇌에는 운동이 최고예요. 뇌에 피를 흘러보내서 산소를 공급하면, 뇌가 뛰면서 펌핑pumping이 빨라져요.

우매한 질문 같은데, 뇌는 왜 중요할까요?

뇌는 굉장히 복잡한 컴퓨터입니다. 가장 발달했으면서도 감정을 집어넣은 컴퓨터죠.

심장이 뛸 때 뇌는 살아 있어요. 피를 공급받지 못하면 뇌는 5분 만에 죽어요. 중뇌中腦(중간뇌)[50]가 살아 있어도 뇌사 상태죠. 이건희 전 삼성 회장의 경우 2014년에 심근경색으로 쓰러졌다가 2020년에 별세했는데요. 신피질新皮質(새겉질)[51]이 기능을 못하면 지각 활동을 할 수 없죠. 중뇌가 죽으면 뇌사로 판정되는 것인데, 중뇌와 뇌간腦幹(뇌줄기)[52]은 몸을 움직이게 하는 부위예요. 신피질이 다 망가진 것이면 힘들었을 텐데요.

---

50 사이뇌와 다리뇌 사이에 있는 뇌줄기의 부분. 뒤쪽에는 시각과 청각을 중계하는 신경핵이 있고, 앞쪽에는 대뇌 겉질에서 아래로 내려가는 신경 섬유 다발이 있으며, 그 사이에는 그 물체와 운동과 관련 있는 큰 신경핵이 있다.

51 대뇌 겉질에서 가장 최근에 진화하여 형성된 부분. 여섯 층의 구조를 이루며 사람 뇌의 거의 대부분을 이룬다.

52 척수와 대뇌 사이에 줄기처럼 연결된 뇌의 부분. 중간뇌, 다리뇌, 숨뇌로 이루어져 있다.

중뇌가 살아 있으면 숨을 쉬고 움직이기는 해도 사람이 아니죠. 뇌간이 죽으면 사람이 죽는 것이죠. 중뇌는 감정을 조절하고 신경 조절 물질을 생성합니다. 그것을 뇌간이 전달하죠. 경부고속도로와 비슷해요. 조금만 나빠도 신체에 이상이 생겨요.

죽은 사람의 뇌와 산 사람의 뇌는 차이가 있을까요?

다르죠. 죽으면 뇌의 핏줄이 서서히 줄어들고 찌그러져요. 실제로 무엇이 잘못됐는지 알아볼 수 없죠.

살아 있는 사람도 뇌의 일부가 죽기도 해요. 뇌 연구 실험을 해보면 정상인과 달리 파킨슨병 환자의 뇌는 우글쭈글하잖아요. 흑질黑質[53]에 있는 세포가 죽었기 때문이에요. 실험자 6명을 검사해 봤는데, 흑질이 다 없어진 것을 우리가 처음으로 CT로 봤죠. 알츠하이머병 환자의 뇌는 해마가 망가져서 생겨요. 초기 파킨슨병 환자의 경우, 시상視床[54]을 보면서 뇌 깊은 곳에 전자 자극을 주면 파킨슨병 증상을 조절하거나 억제할 수 있어요.

---

[53] 중뇌의 피막을 대뇌각에서 분리하는 회백질층으로서, 멜라닌을 함유한 세포를 가진 배측치밀층과, 멜라닌이 결여된 세포로 된 복측망양층의 두 층으로 이루어진다.

[54] 감각이 소뇌와 바닥핵에서 대뇌 겉질로 전달될 때에 중계 역할을 하는 달걀 모양의 회백질 덩어리. 사이뇌의 뒤쪽 대부분을 차지한다.

뇌졸중이나 파킨슨병, 알츠하이머병을 완치하는 의료 기술은 언제
쯤 나올까요?

몰라요. 아직 완치는 못해요. 그런 병에도 여러 가지가 있죠.
깜빡깜빡하는 단순 건망증에서 큰병까지 있는데, 무슨 병인
지 정확히 몰라요. 일부는 고칠 수 있는데요. 파킨슨병도 여
러 가지가 있죠. 파킨슨병 자체는 못 고치지만, 도파민 부족
이면 부분적으로는 고치고요. 치매 환자는 그전에도 있었는
데 숫자가 늘어나고 있죠.

나이가 들면 뇌의 능력도 떨어진다고 많이들 생각하는데 그
렇지 않아요. 80세가 되면 뇌세포의 5~6% 정도가 죽을 뿐이
에요. 게다가 뇌는 세포의 수에 의해 컨트롤되는 게 아니거든
요. 세포와 세포의 연결이 중요한데, 나이 들어서도 계속 공
부하고 일하면 연결이 더 많이 돼요. 그러니까 '늙어서 머리가
안 돌아가기 때문에 일을 못하겠다'는 말은 타당성이 없죠.
나이가 들어서 그런 게 아니라 '뇌를 쓰지 않으니까 쇠퇴하는
것'이에요.

뇌 질환이 유전이라는 말도 있고요. 3대가 서울대 간 집안을 보면 머
리 좋은 게 유전이라는 말도 있고요. 혹시 뇌의 기능이나 성질 같은
게 유전되는 것은 아닌가요?

그런 건 없어요. 돌연변이는 있겠죠. 인종 간 뇌의 차이에 대
해서 말인데요. 예전에는 백인과 흑인의 두개골이 달라서 뇌

나이가 들면 뇌의 능력도 떨어진다고 많이들 생각하는데 그렇지 않아요. 80세가 되면 뇌세포의 5~6% 정도가 죽을 뿐이에요. 게다가 뇌는 세포의 수에 의해 컨트롤되는 게 아니거든요. 세포와 세포의 연결이 중요한데, 나이 들어서도 계속 공부하고 일하면 연결이 더 많이 돼요. 그러니까 '늙어서 머리가 안 돌아가기 때문에 일을 못하겠다'는 말은 타당성이 없죠. 나이가 들어서 그런 게 아니라 '뇌를 쓰지 않으니까 쇠퇴하는 것'이에요.

의 차이가 있는 줄 알았죠. 그런데 잘못 알았던 거예요. 똑같아요.

개인 간 지능의 차이가 있는 줄도 모르겠어요. 어려서부터 자신을 갖고 사는 게 중요합니다. '이렇게 하면 안 되지, 저렇게 하면 안 되지' 하고 걱정하면 안 좋아요. 콤플렉스가 있으면 안 좋아요. '누가 뭐라고 하지 않나?' 하고 걱정할 필요가 없어요. 쓸데없는 잡념을 없애야 해요. 모든 것을 심플하게 만들어서 집중해야죠. 지구력이 있거나 참을성이 많으면 공부에 도움이 되겠죠.

천재 하면 아인슈타인Albert Einstein55이 꼭 언급되는데요. 그의 뇌도 우리와 비슷하다는 얘기인가요?

그렇죠. 그리고 그 당시에 뇌에 대해 뭘 알겠어요? 아인슈타인의 뇌가 우리가 다르다는 증거도 없고요. 그의 IQ가 160이니 280이니 말하지만, 그는 IQ 검사를 한 적이 없어요. 요즘 사람들이 추측할 뿐이죠.

내가 세계 최초로 PET도 개발하고 하니까, 사람들이 나보고 천재라고 하는데요. 내 IQ요? 아마 120 정도였나? 나쁘지도 않고 좋지도 않고 평범했어요. 하하.

---

55 독일 태생의 미국 이론 물리학자(1879~1955). '특수 상대성 원리', '일반 상대성 원리', '광양자 가설', '통일장 이론' 등을 발표하였다. 1921년에 노벨물리학상을 받았다.

뇌는 감정이 지배한다

뇌는 정말 미지의 세계 같아요. 뇌를 진화론으로 보면 어떤가요?

뇌의 껍데기인 신피질이 점점 발달했죠. 사람의 신피질은 원숭이보다 10배, 쥐보다 100배나 커요. 생각하는 부위가 동물에게는 없죠. 그게 발달하면서 인류가 발전해서 사회적으로 하지 말 것을 자각하고, 공부 기억도 키운 것이죠.

지금의 뇌과학 수준은 어떻습니까?

뇌는 아직 우리가 몰라요. 수술도 하고 약도 먹고 하는데, 왜 하는지 모르죠. 21세기에 사는 우리가 뇌 지식에서는 중세에 있는 셈이죠. 지동설을 알아낸 갈릴레오 때라고 하면 맞을 거예요. 예컨대 컴퓨터를 잘라서 본다고 할 때 부품만 봐서는 아무 소용이 없죠. 머리를 잘라서 보더라도 알 수 없다는 얘기죠. 그냥 배가 고프니까 빵을 먹는다고 보면 돼요. 걸음마 단계죠. 죽은 사람의 뇌를 봐야 뭘 알겠어요?

1970년대에 과학자들이 처음 살아 있는 뇌를 봐서 6년 만에 노벨상을 받았죠. 내가 처음 만든 PET와 MRI를 통해 뇌를 봤던 것이죠. 30~40년이 지난 지금은 초전도 MRI를 보고 있고요. 핵 검출기만 해도 64개에서 지금은 12만 개로 늘어났죠. 테슬라tesla[56](자기장의 세기를 나타내는 단위)로 따져 100배가 늘어난 거예요. 이제 뇌 연구를 해보자는 단계죠. 아직도 컴컴한 터널을 지나가는 중입니다. 옛날에는 더했지만 지금은 조금씩 보기 시작한 거죠.

뇌과학을 연구하는 사람은 어떤 부류인가요?

뇌과학을 처음부터 한 사람은 없고요. 우리처럼 다른 연구하다가 하게 된 사람들이죠. 뇌를 정복하면 사회가 점점 좋아져요. 왜 사기 치고, 왜 우울증이 생기는지 등의 원인을 찾는 거죠.

사기를 치고, 거짓말을 하는 뇌의 원인도 찾아낸다고요?

예전에 미국 캘리포니아에서 젊은 사람이 딸을 죽인 사건이 발생했죠. 살인자는 2년 전까지 좋은 사람이었는데, 갑자기 포악해져서 딸까지 죽였어요. 그래서 변호사가 '뇌를 한번 찍어보자'고 제안했죠. 뇌를 촬영해보니 편도체amygdala[57]에서 암을 발견했어요. 편도체는 감정 조절을 하는 것으로 알려져 있죠. 조금만 자극이 와도 화를 냈던 거예요. 결국 변호를 잘해서 살아났어요.

---

56 자기력선속의 밀도를 나타내는 국제단위. 1테슬라는 1㎡당 1웨버(weber)의 자기력선속이 통과할 때의 밀도이다. 미국의 전기 공학자 테슬라의 이름에서 유래하였다. 기호는 T.
57 뇌의 변연계(limbic system)에 속하는 구조의 일부로서 동기, 학습, 감정과 관련된 정보를 처리하는 데 중요한 역할을 한다.

모든 게 그래요. 순간적으로 화를 내서 1, 2분 안에 사고를 치죠. 뇌과학을 알면 고칠 수 있는 것인데 말이죠. 다행히 캘리포니아 그 사람은 뇌를 수술해서 고쳤어요. 악성이 아니면 가능하죠.

우리나라에서는 과음을 하고 사고를 내면 주취감면, 심신미약이라면서 정상참작을 해줬죠. 최근에야 사고가 늘어나자 가중처벌하자는 분위기이지만요.

예전에 10년간 공부하던 스웨덴은 상당히 평화스럽고 정직한 나라죠. 스웨덴에서는 술 마시고 건들거리면 장관이고 국무총리이고 판검사이고 모두 유치장에 넣어요. 밤을 새우고 나오게 하는 것이죠. 외국인이 술 먹고 돌아다니면 비행기에 태워 추방하고요.

술을 많이 마시면 뇌가 마비되죠. 뇌를 뜯어 고칠 수는 없고, 일단 격리시키는 것이죠. 사고를 칠 수 있는 잠재 가능성을 차단하는 거예요. 효과가 있어요. 그래서 스웨덴에서는 술을 마시고 절대 주정을 하지 않죠. 하하.

술을 많이 마시면 비교·판단·예측 등을 하는 뇌의 전두엽이 꺼지죠. 술 마신 뒤 행동과 습관을 보면 감정과 동물적 본능의 뇌만 작동돼요. 분풀이를 하고, 억눌렸던 것을 폭발시키죠. 술을 마시면 사람이 그럴 수도 있으니까 격리해서 재우는 거예요.

어떻게 하면 술을 줄일 수 있나요? 또한 줄이게 할 수 있나요?

술·담배를 많이 하면 세포가 망가져요. 술을 많이 마시면 뇌가 줄고 빈 공간이 늘어나죠. 담배의 독성은 뇌를 파괴하니까 치명적이에요. 세포들이 죽어요. 세포가 죽으면서 암도 되고, 다른 것으로 변형도 됩니다.

뇌과학자들이 술·담배·마약을 조절하도록 하는 연구를 하고 있죠. 우울하면 술을 마시는 사람이 있는데, 뇌에 도파민이 일시적으로 나와서 기분이 좋아져서 그래요. 술을 마시지 않아도 도파민을 나오게 하면 되죠. 살찌는 것도 마찬가지예요. 설탕 섭취를 줄이게끔 해야죠. 외부에서 주입되는 약은 완벽하지 않으니까, 운동 같은 것을 해서 자체적으로 도파민이 나오게 하는 게 좋아요.

술·담배·마약 못지않게 게임 중독이 사회문제입니다.

TV나 영화처럼 즐겁고 신나서 도파민이 나오게 하는 것은 좋아요. 그런데 게임을 많이, 오래, 자주 하는 게 문제예요. 정상적인 일상생활을 방해하거든요. 심하면 견디지 못하는 병적 상태로까지 가고요.

아이들이 게임을 심하게 하면 게임기기를 빼앗아야겠죠. 컴퓨터나 노트북을 빼앗으면 처음에는 반항하겠지만 그래도 빼앗아야 합니다. '게임 말고 다른 것도 재미있는 게 있구나' 하면 마음이 바뀌겠죠. 어렸을 때는 쉬워요. 어른이 되어서

우울하면 술을
마시는 사람이
있는데, 뇌에
도파민이
일시적으로 나와서
기분이 좋아져서
그래요. 술을
마시지 않아도
도파민을 나오게
하면 되죠.
살찌는 것도
마찬가지예요.
설탕 섭취를
줄이게끔 해야죠.
외부에서 주입되는
약은 완벽하지
않으니까, 운동
같은 것을 해서
자체적으로
도파민이 나오게
하는 게 좋아요.

골수가 되면 고치기 어려워요.

뇌의 시스템을 컨트롤(통제, 조절)할 수 있습니까?

뇌 안에는 동물의 뇌가 있어요. 둘러싸는 뇌, 즉 바깥쪽 신피질은 사람의 뇌죠. 어떤 동물보다 사람이 가장 발달한 부위죠. 신피질 안쪽 가운데가 동물의 뇌예요. 동물이나 사람이나 똑같아요.

신피질은 대뇌大腦(큰골)[58]로 인간다운 고등한 기능을 맡고 있죠. 중뇌는 감정을 조절하고, 뒤편 아래에 있는 소뇌小腦(작은골)[59]는 운동 자세와 균형의 유지 등을 담당하죠. 중뇌의 변연계limbic system[60]는 사람이나 동물이 똑같아요. 즉 감정이 많은 것은 동물이라는 것이죠.

신피질이 강한 사람은 감정 컨트롤을 잘하죠. 그것을 훈련해야 합니다. 참아서 이익이 된다는 것을 알아야죠. 모르면 절

---

58 뇌의 대부분을 차지하는 부분. 좌우 반구와 양쪽을 연결하는 섬유 다발로 되어 있으며, 표면에 많은 주름이 있다. 신경 계통 전체의 중추적 작용을 하며, 고등 동물일수록 잘 발달되어 있다. 넓은 뜻으로는 사이뇌를 포함한다.

59 대뇌의 아래, 뇌줄기 뒤에 있는 뇌의 한 부분. 평형 감각과 근육 협동을 조절하는 역할을 한다.

60 대뇌와 간뇌의 경계를 따라 위치한 뇌의 구조물. 대뇌반구 입구의 주변을 둘러싸고 있는 피질 조직(해마 등)과 이것과 연관된 피질하 구조, 즉 편도체, 중격핵 등 뇌의 심부 조직들로 이뤄져 있다. 시상의 일부와 시상하부도 일부로 볼 수 있다. 감정 상태 조절, 의식적·지적 기능과 무의식적·자율신경 기능의 연결, 기억의 저장과 검색 등의 기능을 가진다.

대 안 합니다.

뇌를 좀 더 설명해주시면서 감정 이야기를 이어가도록 하죠.

뇌의 바깥 앞쪽, 즉 전두엽 쪽은 생각하는 뇌예요. 뇌의 안쪽이 변연계이고요. 감정을 담당하죠. 뇌의 바깥 뒤쪽, 즉 후두엽後頭葉(뒤통수엽)[61] 쪽은 감각 영역이에요. 더 들여다보면, 생각하는 부위를 보좌하는 뇌도 있고, 감정을 보좌하는 뇌도 있어요. 또 보고 듣고 냄새 맡고 맛을 보고 느끼는 것을 도와주는 조합도 10개나 있습니다. 이렇게 합쳐진 게 우리 뇌를 만들고 있어요. 감각(센서)과 운동(모터)이 연결되어 있죠.

그런데 신피질인 생각하는 뇌를 감정 뇌가 어느 정도 지배하고 있어요. 그래서 인간 생각의 90%가 감정의 산물이에요. 사람은 생각의 일부를 빼놓고는 감정의 동물인 거예요. 감정을 빼놓고 생각한다는 것은 거짓말이에요. '아, 저 사람은 공정하게 생각해'란 말은 거짓말입니다.

상대방 감정을 헤아리는 게 중요해요. 옛날에 미국에서 카터 대통령이 애틀랜타 시장할 때 데리고 있던 재무과장을 재무장관에 앉혔어요. 그게 감정이에요. 좋아하니까 무서운 거지요.

인간은 감정의 지배를 강하게 받는다는 거네요?

---

61   대뇌 반구의 맨 뒷부분.

전부지요. 매일 그래요. 회사를 그만두고 나가는 것도 감정입니다.

감정을 다스리는 사회를 만드는 게 중요해요. 선진화된 사회일수록 감정을 자제하고 조절하죠. 감정의 뇌가 우리를 지배하는 것을 줄여야 합니다. 감정의 지배로부터 벗어나려면 컨트롤 해야지요. 나 자신도 실제로 감정을 줄였는지는 몰라요. 어렸을 때부터 남을 도와주고, 같이 일을 하고, 칭찬해주는 것을 하면서 조절 능력을 키워야 해요. 그렇지 않으면 싸움만 해요. 교육이 참 중요해요. 우리는 그런 사회 교육을 못 받았어요.

그렇다면 어떤 교육을 해야 하나요?

책을 자꾸 읽어서 대뇌를 발달시켜야죠. 그리고 어려서부터 '남을 도와줘라. 거짓말하지 마라' 이런 것을 가르쳐줘야 합니다. 아직도 많은 사람이 술 마시고 화를 내는데, 그런 것을 바꿔야죠. 우리는 정직한 사회를 만들어야 합니다. 어려서부터 정직한 게 이익이라고 가르쳐야 해요. 세금을 안 내면 나라가 혼내줘야 합니다. 미국에서는 탈세범을 아에 추방해버려요. 또 폭력이 없는 사회를 만들어야 해요. 폭력은 동물이나 하는 짓이에요.

그리고 보니 플라세보placebo 효과라는 게 생각나는데요. 속임약(위약)인데도 환자는 진짜 약으로 믿어 좋은 반응이 나타나잖아요.

옛날 얘기에 '3년 고개'라고 나오잖아요. 어느 할아버지가 어린아이들하고 놀고 있었는데, 어느 날 가보니 할아버지가 끙끙 앓고 있었어요. 할아버지가 '내가 3년 고개에서 넘어져 3년밖에 못 살텐데…' 하고 한숨을 쉬었어요. 얘기를 듣고는 아이들이 '그러면 한두 번 더 넘어지세요'라고 말했다고 해요. 그래서 할아버지가 3년 고개에서 두 번 더 넘어지고 나서 기분 좋게 나으셨어요. 하하.

나도 군대에 있을 때 전방 보병이었는데, 아파서 의무실에 가면 약을 받았죠. 그게 사실 밀가루였는데도 먹으면 안 아팠어요. 속임약 효과가 모든 약의 절반이라고 봐요.

플라세보 효과가 뇌에도 영향을 미치나요?

속임약 효과는 뇌 치료에도 똑같이 적용돼요. 정신적인 치료도 사실 뇌가 하는 거예요.

일상에서도 충분히 일어나죠. 경기에 임하는 선수가 스스로 '할 수 있다'고 자기암시를 해서 뇌에 자극을 주어 감정과 감각을 조절할 수 있고요. 그래서 선생님들이 어린 학생들에게 잘한다고 칭찬하고, 용기를 북돋아주는 것이 교육에서도 가장 중요해요.

마인드에 따라 인생이 달라져요. 이성이든 감성이든 마음먹기에 따라 충분히 컨트롤할 수 있어요. 사람이 실패할 수도

경기에 임하는 선수가
스스로 '할 수 있다'고
자기암시를 해서 뇌에
자극을 주어 감정과
감각을 조절할 수 있고요.
그래서 선생님들이
어린 학생들에게
잘한다고 칭찬하고,
용기를 북돋아주는
것이 교육에서도 가장
중요해요. 마인드에
따라 인생이 달라져요.
이성이든 감성이든
마음먹기에 따라 충분히
컨트롤할 수 있어요.

있잖아요. 이럴 때 술 마시는 것보다 다시 잘할 수 있다는 마인드를 갖는 게 필요하죠. 우리가 뇌에 대해 할 일이 많아요.

누구나 틀릴 수 있음을 인정하기

선생님 살아오신 이야기도 듣고 싶습니다.

원래 고향이 38선 바로 위 30리쯤 되는 황해도 금천이에요. 해방 전에 서울로 왔어요. 한국전쟁 때 대구로 피난을 갔었죠. 배가 고파서 고구마로 끼니를 때웠어요.

대구역에 가보니 어린애들이 구리 반지를 광내서 '코리아골드'라며 미군한테 팔고 있더라고요. 서울사대부중 2학년 올라가면서 전쟁이 터졌는데, 1학년 때 영어를 배웠죠. 전쟁 통에 장사를 해보겠다며 어머니한테 담배 한 보루 값을 받았어요. 아마 장사를 계속 했으면 잘했을 거예요. 대구에 미8군 사령부가 있었는데, 뒤로 빼내온 미군 PX 물건을 시장에 내다 팔았어요. 당시 하루에 3000달러나 벌었죠. 엄청났어요. 1952년에 미군이 트럭에 물건을 싣고 와서, 나보고 팔라고 해서 시장 장사꾼 30명한테 팔았으니까요.

우리 또래 장사꾼은 거짓말을 했어요. 숫자를 속이더라고요. 담배와 초콜릿을 가져오면 계산하는데 어린애들이 시골 출신 미군보다 산수를 더 잘해요. 예컨대 35달러 나오면 28달러만 주더라고요. 하지만 나는 정직하게 계산해주니까 미군들이 나한테 자꾸 오는 겁니다. 엉터리 영어를 했지만 그때 배운 게 '신용과 정직'입니다.

그런 사연이 있었군요.

흥미로운 것은 뇌과학적으로 봤을 때도 정직하게 살아야 한다는 거예요. 거짓말을 하면 뇌가 벌겋게 달아올라요. 뇌가 쓸데없는 데 에너지를 쓰고 있어서죠.

너무 고지식한 거 아닌가요?

정직이 단골을 늘린 것이죠. 단골이 단골을 또 소개하고, 그러다가 미군이 나보고 서울로 같이 올라가자고 했어요.

서울이 수복되어서 동숭동 서울대 근처에서 장사를 했지요. 내가 장사를 안 하면 가족들이 못 먹고 살았어요. 집도 사고 친척한테도 돈을 꿔주기까지 했죠. 그런데 친척들이 어린 나한테 쩔쩔매는 게 좋지 않더라고요.

장사를 3년 하다 보니 학업을 중단했어요. 나중에 친구를 청량리에서 보니 학교에 가더라고요. 그래서 학교에 다시 들어갔지요. 3년 건너뛰고 다시 입학했죠.

돈이 아무리 많아도 우리는 세끼밖에 못 먹죠. 내가 행복하다고 생각하는 것은 어렸을 때 돈을 많이 만져본 거예요. 일찍

이 '많은 돈이 필요 없는 거구나'를 깨달은 거죠. 그게 평생의 귀중한 경험입니다.

대부분의 사람들은 돈을 더 벌고 싶어 하는데요.

한이 없겠지요. 나는 연구가 재미있어요. 떳떳하게 준비하고 발표해서 잘했다는 얘기를 듣고 싶죠. 딴 생각은 안 해요. (논문집을 가리키며) 이것은 다음 주에 호주 가서 발표할 내용인데, 재밌지 않아요? 학장, 총장 하는 것보다 낫죠.

나는 돈이니, 월급이니 관여를 안 해요. 집사람이 챙겨요. 감투 쓰는 것에도 관심 없어요. 시간 낭비 같아서요. 살아보니까 좋은 가치관 같아요. 하하.

선생님만의 특별한 가치관이 있나요?

특별한 것은 없고요. '남을 도우면서 정직하게 살아야 한다' 정도요. 뜻하지 않아도 그게 자기한테 도움이 되더라고요. 순간 거짓말을 하는데, 길게 보면 정직한 게 신뢰를 얻는다고 생각해요. 자동차 사고도 날 수 있고 회사 부도도 날 수 있는데, 아는 사람이 그럴 때 '그래, 얼마 필요해?' 하면서 돈을 꿔주겠죠. 솔직한 게 손해 보는 게 아니라 살아보니까 신용을 얻어서 도움이 된다는 겁니다.

반면에 취미 생활은 특별하신 것 같아요. 젊었을 때부터 암벽등반과 스키를 즐기고, 아직도 스키를 타신다고 들었습니다.

10대 때 도봉산에 가면 하루 종일 돌아다녔죠. 고교 때 처음 만장봉 암벽을 올라갔어요. 어른들이 밧줄을 매고 올라가더라고요. 그래서 '영화에서 보던 것을 하는구나' 생각했죠. '아저씨들, 우리도 탈 수 있나요?'라고 물어봤는데, 당시 공대생이 허락해서 따라 올라갔어요. 그래서 서울공대 들어갔죠. 하하. 대학 때는 공부는 안 하고 등산만 따라다녔어요. 스위스 등산학교에 들어가려고도 했죠. 결국 못 가고, 스키를 배웠고요.

전공도 그렇고, 계속 물리학을 공부하셨는데요. 어떤 계기로 뇌과학까지 연구하게 됐나요?

자연스럽게 연구하게 됐어요. 1972년까지 물리학을 공부했는데, 미국의 UCLA에서 핵물리에 대한 평화적 이용을 연구하기 시작했어요.

1970년대 미국 학생들이 핵전쟁을 반대하며 데모를 해서 난리가 났었잖아요. 미국 정부에서 핵을 평화적으로 쓸 수 있다며 프로젝트를 시작했죠. 한 1년 정도, 미국이나 구경하고 오자고 해서 부교수로 갔죠. 그때 CT가 막 나왔어요. 핵물리를 응용한 거죠. CT 개념이 나오기에 '나도 한번 해보자'고 해서 64개 PET를 세계 최초로 내가 만든 거죠.

PET 원리는 뭔가요?

전자電磁[62]에 '+, -'가 있는데, 양전자陽電子[63]는 사실 우주의 빅뱅 때인 약 137억 년 전에 없어졌어요. 하지만 동위원소同位元素[64]를 만들어 인체 내에 집어넣으면, 둘이 만나며 없어지면서 감마선gamma線[65]이 나와요. CT는 엑스레이를 360도 돌려가며 인체 단면을 촬영해서, 즉 X선으로부터 얻은 영상이고요. PET는 우리 몸의 구성물질을 양전자를 내는 방사선의약품을 이용해서 감마선을 내게 하여 생리화학적 3차원 영상을 얻는 거예요. 전 세계에 200여 대 있을 거예요. 암을 초기에 진단하는 데 많이 쓰여요. 특히 PET는 살아 있는 사람의 뇌 기능을 볼 수 있으니까 '저 사람이 뭘 생각하는구나, 뭘 보고 있는지, 뭘 말하는지, 어떤 계획을 하고 있는지'를 파악할 수 있죠. MRI는 자기장을 이용하여 단층영상을 얻는 것인데, 주로 머릿속을 들여다보는 기계예요.

많은 사람들이 걱정하는 것보다 우리 몸에는 아주 조금 해로운 정도예요. 괜찮습니다. 뇌 촬영장치의 해상도도 갈수록 좋아

---

62   전기와 자기를 아울러 이르는 말.
63   전자의 반대 입자로 전자와 같은 질량을 가지며 양전기를 지니는 소립자. 에너지가 큰 감마선이 물질과 접촉할 때나, 인공 방사능의 성질을 가진 원자핵 가운데에서 발견된다.
64   원자 번호는 같으나 질량수가 서로 다른 원소. 양성자의 수는 같으나 중성자의 수가 다르다.
65   방사성 물질에서 나오는 방사선의 하나. 파장이 극히 짧고 물질 투과성이 강한 전자기파로 금속의 내부 결함을 탐지하거나 암을 치료하는 데에 널리 쓴다.

지고 있어요. ZOOM PET도 만들고 있고요. 해상도가 선명해 지면서 초기 암 진단을 하니까, 우리의 수명도 늘어나잖아요.

스웨덴과 미국에도 대학에 오래 계셨고, 한국으로 돌아와서도 대학에 오래 계셨습니다. 어떤가요?

오리지널original 연구를 못하더라고요. 서양에서는 남이 안 한 것을 해야 해요. 한국에 와 보니까, 돌다리도 너무 두들기면서 가고 있어요. 그것은 연구가 아닙니다. 모험심이 없고, 과학적 전통이 없어요. 교수는 뭐가 새로운 것인지를 아니까, 고유의 분야를 연구해야죠.

또, 귀국해서 보니 말이 안 되는 것도 하더라고요. 처음 카이스트에 교수로 왔을 때, 서양에서는 고유의 주제를 연구하느라 논문 표절을 못해요. 그런데 우리 일부는 승진하기 위해 논문을 베끼는데, 사회 풍조가 잘못됐어요. 정부에서는 계속 논문을 양산하라고 하고요.

카이스트에 와서 3년 만에야 제자들한테 '조 박사님 틀렸습니다'라는 말을 들었어요. '아! 이제는 됐구나' 생각했지요. '새로운 것을 할 수 있겠구나!' 그전에는 내가 틀린 것도 학생들이 그냥 받아들이더라고요.

미국 UC버클리의 가속기연구소에서 수업을 하면 '교수도 모르는구나. 똥줄을 타는구나' 하고 학생들이 생각해요. 교수들이 쩔쩔매는 모습을 보면서 같이 새로운 연구를 합니다. 몰라

카이스트에 와서 3년
만에야 제자들한테
'조 박사님 틀렸습니다'라는
말을 들었어요.
'아! 이제는 됐구나'
생각했지요. '새로운 것을
할 수 있겠구나!' 그전에는
내가 틀린 것도 학생들이
그냥 받아들이더라고요.
미국 UC버클리의
가속기연구소에서 수업을
하면 '교수도 모르는구나.
똥줄을 타는구나' 하고
학생들이 생각해요.
교수들이 쩔쩔매는 모습을
보면서 같이 새로운 연구를
합니다. 몰라야 새로운 게
나오죠.

야 새로운 게 나오죠.

학생들에게 자주 해주시는 말씀이 있나요?

'성공하는 게 뭐냐'고 물어요. '그 사람이 없으면 힘든데, 안 되는데' 이러면 성공한 거예요. CEO가 된다고, 대학총장이나 장관이 된다고 그게 성공이 아닙니다. 어느 분야에서건 '그 사람이 없으면 안 되겠다'고 해야 성공한 것입니다. 살아보니까 정말 그래요. 출세요? 그게 성공한 게 아니에요.

학생들한테 '대통령이 되면 그게 성공이냐? 자기가 어느 한 분야에서 꼭 필요한 사람이 되어야 그게 성공이지. 그러면 죽을 때까지 걱정 없이 먹고도 살 것 아니냐!' 하고 말합니다.

우리가 뇌에 대해 잘 모르는 것은 살아 있는 뇌에 대한 연구가 아직 초보적이기 때문이다. 조장희 박사는 '가슴에 있다고 생각한 마음이 사실은 뇌에 있고, 이성을 조절하는 대뇌는 대체적으로 감정을 관장하는 중뇌에 지배되고 있다'고 강조한다. 인터뷰를 하면서 인류가 뇌에 대해 파고들면 들수록 인간과 사회가 건강해질 것이라는 생각이 들었다.

최근에는 인공지능AI을 개발해 사람의 지능과 연결시키는 연구까지 진행하고 있으니 앞으로 미래는 복합 지능의 시대가 올 것이다. 아무리 사람의 지능을 대체하거나 보완하는 시대가 오더라도 우리

스스로 대뇌를 성숙시키는 노력을 계속 해야 한다. 이를 게을리한 다면, 인간이란 종은 이 우주에서 존재감과 경쟁력을 잃을 수밖에 없다.

네 번째 인생 수업 인터뷰

행복하게 살려고
너무 애쓰지 말아요

백종현 칸트철학자

백종헌 칸트철학자

1950년 전북 부안에서 출생했다. 서울대학교 철학과를 졸업하고, 동 대학원에서 석사 학위를 받았다. 이후 독일 프라이부르크대학교에서 철학 박사 학위를 받았다.

인하대학교와 서울대학교에서 철학과 교수를 지냈다. 서울대학교 철학사상연구소 소장·인문학연구원 원장, 한국칸트학회 회장, 한국철학회 학회지편집인·철학용어정비위원장·회장 겸 이사장, 한국포스트휴먼학회 회장 등을 역임했다. 현재 서울대학교 명예교수와 한국포스트휴먼연구소 소장으로 있다.

칸트가 평생 연구를 통해 펴낸 《실천이성 비판》,《순수이성 비판》,《판단력 비판》 등 '3대 비판서'를 비롯해 《윤리형이상학 정초》,《이성의 한계 안에서의 종교》,《윤리형이상학》,《형이상학 서설》,《영원한 평화》,《실용적 관점에서의 인간학》,《교육학》,《유작》,《학부들의 다툼》 등을 우리말로 번역했다.

지은 책으로는 《독일철학과 20세기 한국의 철학》,《존재와 칸트-진리 〈순수이성 비판〉의 근본 문제》,《서양근대철학》,《현대한국사회의 철학적 문제: 윤리 개념의 형성》,《현대한국사회의 철학적 문제: 사회 운영 원리》,《철학의 개념과 주요 문제》,《시대와의 대화: 칸트와 헤겔의 철학》,《칸트 이성철학 9서 5제》,《동아시아의 칸트철학》,《한국 칸트철학 소사전》,《이성의 역사》,《인간이란 무엇인가》,《한국 칸트사전》,《인간은 무엇이어야 하는가》 등이 있다.

세 번째 인생 수업 인터뷰까지는 '나는 누구인가?'에 대해 자연과학적으로 알아봤다. 별에서부터 탄생한 인간의 몸과 뇌를 컴퓨터 부품처럼 뜯어본 것이다. 그래도 궁금하다. 내 삶을 구성하는 것은 단백질뿐만이 아니기 때문이다. 내 의식의 밭과 지향점에 대해 캐보고 싶다. 그래서 이번에는 인문학자를 만나본다.

철학은 인문학의 본령이다. 인간의 삶과 가치에 관해 캐기 때문이다. 고대 그리스의 소크라테스와 중국의 공자 이후 동서양 철학자들은 '인간답게 살라'고 외쳤다. 근대철학의 출발점인 이마누엘 칸트 Immanuel Kant는 더 파고들었다. 사람이 무엇을 알 수 있고(순수이성 비판), 무엇을 행해야만 하고(실천이성 비판), 무엇을 희망해도 좋은가(이성 안에서의 종교), 미美와 생명의 합목적성(판단력 비판), 정치상의 최고선最高善(영구 평화론) 등이 그가 깨달은 주제였다.

이마누엘 칸트를 모르고서는 철학을 할 수 없다는 말이 있다. 40년간 칸트를 연구해온 백종현 칸트철학자는 칸트가 강조한 인간 존엄성을 통해 인문학이 갈 길을 제시한다.

산책을 자주 하시나요?

서울 개포동에 사는데, 보통은 탄천 쪽으로 걸어요. 가끔 많이 걷고 싶을 때는 여기 양재동 숲으로 오죠. 정해진 시간이 있는 것은 아니고요. 농번기에는 경기도 양평의 중미산에 텃밭 농사를 지으러 가죠. 다른 특별한 운동을 안 하니까, 산책과 농사를 좋아하죠. 아무래도 책상물림을 하면 근육이 퇴화하니까요. 운동을 안 하려면 노동이라도 하는 게 낫다고 생각해요. 하하하.

칸트의 고향인 쾨니히스베르크Königsberg의 공원도 걸어보셨어요?

몇 년 전에 가봤어요. 당시에는 한적하고, 개천도 좋고 걸을 만했겠죠. 지금은 번잡해서 차라리 여기(양재 시민의 숲)가 훨씬 나아요.

쾨니히스베르크는 중세에 세워진 독일의 옛 도시 이름인데, 예전에 일본 사람들이 왕(쾨니히)의 도시(베르크)라는 뜻 그대로 왕산王山이라고 번역했던 기억이 나네요.

그곳은 제2차 세계대전 때의 포츠담 회담에 따라 폐허가 된 채로 소련에 양도된 땅이었어요. 소련은 이름을 볼셰비키 원로의 이름을 따서 칼리닌그라드Калининград로 바꾸고, 주민 대

다수였던 독일인들도 추방해버렸죠. 전략적 중요성 때문에 외국인의 방문이 허용되지 않았는데, 1991년에 소련이 해체되고 러시아가 되면서 통행이 좀 자유로워졌어요.

쾨니히스베르크가 특이하게 폴란드와 리투아니아 사이에 있어요. 1991년 이전에는 리투아니아도 소련이었는데, 북해 3국(발트 3국, 에스토니아·라트비아·리투아니아)이 독립하면서 쾨니히스베르크가 러시아 본토하고는 떨어져 지금은 섬나라처럼 됐죠.

칸트가 살았던 18세기 말 당시에도 7년간 러시아의 점령 하에 있었죠. 러시아라고는 하지만 지금의 러시아하고는 국가 개념이 달랐어요. 그전에는 영토가 왕의 소유였고, 왕의 땅이 어디 있든지 상관없었어요. 왕국 안에 사는 사람들이 같은 말을 쓰는 것도 아니었고요. 국가 개념이 전혀 달랐죠.

러시아의 월경지越境地, 즉 엑스클라베exclave인 칼리닌그라드가 쾨니히스베르크였군요. 칸트가 살았던 당시는 어떠했을까요?

우리가 칸트 당시의 도시를 본 적이 없잖아요. 상상으로 비교해본다면 칸트가 환생해서 자기가 살던 땅을 보면 정말 실망할 거예요. 다 폐허가 되어서요.

칸트 당시에는 아프리카와 아메리카까지 연결하는 무역항이었어요. 당시 뮌헨 인구가 3만 명인데, 쾨니히스베르크에는 5만 명이 살았어요. 한자동맹국[66]이 되어 무역을 주도해 경제가 번성했던 큰 도시였어요. 제2차 세계대전으로 폐허가 되기 전까지는 37만 명까지 살았다고 해요.

16세기에 세워진 프로이센은 공작(군주)이 다스리던 공국이었는데, 프로이센하고 브란덴부르크Brandenburg가 합쳐졌어요. 프로이센의 수도가 쾨니히스베르크였어요. 브란덴부르크의 수도가 베를린이었고요. 프로이센이 독일을 통일하고 제국을 세운 후 수도를 베를린으로 옮겼죠. 그런 후에도 쾨니히스베르크는 프로이센이 출발했던 정신적 수도라서 왕들의 대관식은 쾨니히스베르크에서 했죠.

칸트가 다녔던 1544년에 세워진 알베르티나Albertine대학교(쾨니히스베르크대학교)에 가보니 주춧돌도 없어졌어요. 칸트의 묘지는 대학 인근의 대성당 뒤쪽 모서리에 있더라고요. 알베르티나 교수는 대성당 뒤쪽에 안장할 수 있었는데, 칸트는 안장된 마지막 인물이었어요. 그 대성당도 제2차 세계대전 때 폭격을 받았어요. 다행히 칸트의 묘가 있는 모서리만 폭격을 안 받았어요. '내 위의 별이 빛나는 하늘과 내 안의 도덕법칙이 나를 가장 경외심이 들게 한다' 하는 묘비 글귀도 봤어요. 원래 있던 것은 없어졌고요. 지금은 러시아가 점령한 뒤 독일어 밑에 러시아 말로 써놨더라고요. 구경 오는 사람이 독일인밖에 없어

---

66   중세에 독일 북부 연안과 발트해 연안의 여러 도시 사이에 이루어진 도시 연맹. 해상 교통의 안전 보장, 공동 방호, 상권 확장 등을 목적으로 하였다.

요. 내가 갔을 때도 가이드가 독일어로 설명하더라고요. 쾨니히스베르크는 '일 년 내내 얼음이 얼지 않는' 부동항不凍港이라서 프로이센이나 소비에트연방이나 러시아가 점령하려고 했던 거죠. 전략적 요충지라서 지금도 러시아의 잠수함 부대가 주둔해 있는 군항으로 쓰여요.

칸트는 어떤 인물인가요?

한마디로 '수분守分'이죠. 요즘 칸트를 더더욱 그리워하는데요. 분수를 지키고, 자신에게 충실하고, 자연에 대해서는 경외감을 갖고 있고, 인간에게는 존경심을 가졌죠. '내 위의 별이 빛나는 하늘과 내 안의 도덕법칙'이라면서 법칙적으로 움직이는 자연에 대해 상당히 외경의 마음을 가졌어요. 또 인간에 대해서는 끊임없는 아름다움과 숭고함을 지녔죠. 죽기 삼사일 전에도 의사가 오면 침대에서 벌떡 일어나서 맞이했다고 하잖아요. '나를 치료하기 위해서 왔는데…'라는 인간에 대한 존경심이죠.

칸트는 왜 결혼을 안 했나요? 평생 총각으로 살았는데요.

가난 때문이죠. 그는 가난한 수공업자의 11명 자녀 중 넷째로 태어났어요. 어머니가 거의 매년 자녀를 낳았는데, 다들 허약했어요. 성인까지 살아남은 자녀도 넷밖에 안 돼요. 그때는 결혼 못한 사람이 많았어요. 평균 수명이 50세도 안 되었

한마디로 '수분(守分)'이죠.
요즘 칸트를 더더욱
그리워하는데요.
분수를 지키고, 자신에게
충실하고, 자연에 대해서는
경외감을 갖고 있고,
인간에게는 존경심을 가졌죠.
'내 위의 별이 빛나는 하늘과
내 안의 도덕법칙'이라면서
법칙적으로 움직이는
자연에 대해 상당히 외경의
마음을 가졌어요.
또 인간에 대해서는 끊임없는
아름다움과 숭고함을 지녔죠.

는데, 마흔 넘어서야 제대로 취직했으니 말이죠. 칸트도 가정 교사와 강사, 도서관 사서로 있으면서 철학 연구를 했고, 교수 도 46세에 뒤늦게 되고 나서 61세가 되어 집을 샀어요. 그런데 2년간 가구를 들여놓을 돈을 모으느라고 63세에 입주했죠.

혼담이 세 번 오갔는데 성사가 안 됐어요. 베토벤, 슈베르트 도 결혼 안 했죠. 짐작으로는 중인中人 출신 예술가들이 주로 만나는 사람이 귀족이라서 머릿속에는 귀족 딸을 염두에 뒀 겠죠. 혼담이 오간 후보자의 수준과 안 맞았겠죠.

게다가 칸트도 몸이 쇠약했어요. 누가 재밌는 표현을 했는데 요. 'Kant war immer kränklich. Kant war nimmer kränklich. (칸 트는 아플락 말락 했지만, 결코 아프지 않았다.)'라고요. 본인이 굉장 히 섭생攝生을 잘했어요. 당시 사람들보다 두 배 가까운 80세 까지 살았으니까요.

독일의 대문호 괴테는 임종을 맞으면서 'Mehr Licht(좀 더 빛을!)'를, 칸트는 'Es ist gut(좋군)'이라고 말했다고 들었습니다.

칸트 전기에 나오는 대목이죠. 칸트가 죽기 사흘 전에 마지막 으로 한 말이에요. 갈증이 생겨서 혀로 물을 핥고 나서 '좋다' 라고 한 것이죠. 사람들은 그 의미를 저마다 달리 해석하죠. 물맛이 좋았다는 것인지, 그의 삶이 좋았다는 것인지⋯. 80살 이면 남들보다 한참을 더 장수했는데, 더 살려고 한 사람도 아 니고요. '기분이 좋다'는 거였죠.

괴테의 마지막 말도 'Mehr Licht'가 아니고 'Mehr nicht'라는 얘기도 있어요. '이제 그만' 또는 '다 이루었다'라는 극적인 해석도 있죠.

칸트는 섭생을 어떻게 했나요? 지금의 우리가 배울만한 게 있을까요?

얼마나 철저하게 했느냐 하면, 한 번 책상에 앉으면 공부에 몰두하니까 라틴어사전을 방구석에 놓고 걸어 다녔어요. 몸을 움직이려고요. 매일 실내에서 그만큼이라도 걸으려 한 거죠. 하루 일과도 매우 규칙적으로 생활했어요. 새벽 4시 45분에 일어나서 아침식사로 홍차 한 잔과 담배 한 모금을 했죠. 파이프담배뿐 아니라 연기를 코로 맡거나 약간 들이마시는 코담배를 많이 했어요. 대학에서 강의를 마치면, 집도 생겼으니까 서양 식탁 풍속에 따라 손님을 3~9명씩 초대해 점심을 두 시간 이상씩 먹었죠. '칸트의 식탁'이 유명하잖아요. 이후에는 오후 4시쯤 산보를 나갔어요. 1시간 정도 했죠. 쾨니히스베르크가 위도가 높아서 해가 짧아요. 겨울에도 두꺼운 옷을 입고, 모자를 쓰고 다녀야 하고요. 우스갯소리로 동네 사람들이 그를 보며 시계를 맞췄다고도 해요. 하하.

'칸트의 식탁'이요?

성공한 후로도 그는 하루 한 끼, 점심만 먹었는데요. 담배를 좋아했기는 하지만, 필요 이상으로 먹는 일을 죄악시한 탓에

식욕을 감퇴시키기 위한 용도가 더 컸다는 설도 있고요. 어쨌든 그는 점심을 두 시간 이상씩 먹었는데요. 여기에도 원칙이 있었어요.

우선 식사의 초대 인원은 고대 그리스 신화에서 제우스와 에우리노메 사이에서 태어나 정숙, 청순, 사랑을 상징하는 아름다운 세 자매 여신인 '삼미신三美神, Les Trois Grâces'의 숫자보다 많아야 하고요. 미술, 음악, 문학, 역사, 철학, 천문학 등을 관장하는 아홉 여신인 '뮤즈Muses'의 숫자보다는 적어야 해요. 세 명보다 적으면 식사 도중 대화가 끊길 수 있고, 아홉 명보다 많으면 작은 그룹으로 나뉘어 대화가 따로 진행될 수 있어서 좋지 않다는 게 이유였습니다.

대화의 규칙도 있었는데요. 인사와 덕담, 근황과 가십 등 가벼운 수다로 이야기를 시작해서 대화의 최고조에 이르면 인문학적 대화를 해야 해요. 감정싸움을 해서는 안 되며, 일상적인 수다로 되돌아와서 기분 좋게 식사를 마무리해야 해요. 이 엄격한 기준을 따르지 못하는 사람은 다시는 '칸트의 식탁'에 초대를 받지 못했다고 합니다. 지식인의 자격이 부족하다는 꼬리표도 붙고요.

하긴, 칸트는 천문학부터 시작해서 심령술까지 공부했다고 들었습니다.

그 당시에는 학문이 분화가 안 됐어요. 대학에 교수가 모두

30명이었으니 학생들이 교수한테 하나씩 다 들었죠. 칸트의 학부 졸업논문이 '불에 관하여'인데, 지금 보면 물리학 상식 수준이에요.

칸트의 교수직은 원래 철학과 교수가 맡았는데, 이 교수가 새로 생긴 수학과의 교수로 옮겨서 빈자리가 난 덕에 철학과 교수가 될 수 있었죠. 철학 교수가 수학 교수로 옮길 정도니까, 그 당시 수학 수준이 어느 정도인 줄 알겠지요? 요즘하고 많이 다르죠.

어쨌든 칸트는 매우 엄격하고 철저한 규칙 생활을 했군요. 어떻게 하면 우리도 규칙적인 생활을 할 수가 있는 거죠?

글쎄요. 그것은 본인이 알아서 해야겠죠.

나는 30여 년을 교단에 섰는데, 단 1시간도 휴강을 한 적이 없어요. 어떤 경우도요. 학생들이 집회를 한창 할 때도 휴강을 안 했어요. 마찬가지로 내가 강의를 들을 때도 교수님들이 나 하나 때문에 강의를 하셨어요. 1960년대 말과 1970년대 초는 박정희가 집권 연장과 종신 집권을 시도하던 '3선 개헌'과 '유신헌법' 파동 때였죠. 8학기 중에 7학기는 계엄령이 내려졌어요. 내 노트를 다 빌려줘서 동기들이 시험을 쳤죠. '너 때문에 진도 나가잖아!'라며 처음에는 미움을 많이 받았는데, 다행이었죠. 나중에는 '네가 학과를 지켜라' 하고 말하더군요. 요즘도 내가 동기들 만나면 밥을 사줘요. 다 내가 철학을 공부해서죠.

프로 중의 프로는 프로페서professor(교수)죠. 자기 직업명에 프로를 달고 있는 유일한 직업이죠. 교수야말로 프로 정신을 발휘해야죠. 절대로 강의 시간에 아프면 안 돼요. 프로야구선수가 연습 때 잘하다가 시즌 때 아프면 프로가 아니죠. 후배 교수가 강의할 때 감기에 걸리면 막 야단쳐요. 프로는 감기에 걸릴 권리가 없어요. 사전에 예방해야죠.

지내다 보면 몸에 이상 신호가 오지 않습니까. 몸이 으슬으슬하면 일을 그만하죠. 학기 중에는 아픈 적이 없어요. 아프면 아예 학기 개강을 안 하기 때문이죠. 옷도 30년째 같은 사이즈 그대로 입어요.

선생님은 칸트하고 생활이 비슷하네요.

칸트보다 엉망이죠. 그런데 칸트보다 복을 더 받았죠. 일생동안 전쟁을 겪지도 않았고요. 공부하면서 한 번도 고통을 받지 않았고요. 철학 공부해서 장학금을 받고 유학도 다녀왔고요. 현대철학의 최고 학교인 독일 프라이부르크대학교에서 했죠. 나의 지도 교수가 프라이부르크대학교에서 총장까지 지낸 철학자 하이데거의 마지막 조교였어요.

학교에서는 90점 넘는다고 생각해요. 아마 '사람이 알아야 될 일을 답하라'는 문제가 나왔으면 점수를 90점 넘게 받았을 거예요. 다른 사람이 사는 것을 도와주는 것도 90점 넘게 받았다고 생각해요. 내 자부심이고 과제죠.

근대와 현대 문명의 큰 폐해가 있는데요. 서양의 개념이나 우리의 개념도 잘못된 게 있어요. 그리스어의 '필로소피아 philosophia(지혜를 사랑한다)'란 말이 로마로 넘어와 라틴어 '사이엔티아scientia(안다)', 즉 '사이언스science(지식)'으로 번역되면서 지금까지 몰고 온 병폐예요. 지금도 학자라고 하면 논문을 많이 쓰는 사람이라고 합니다. 학문學問은 《주역周易》[67]에 나오는 말이에요.

> 君子學以聚之, 問以辨之
> 군자는 배워서 모으고, 물어서 분별하며
> 寬以居之, 仁以行之
> 너그럽게 살고, 어질게 행동하나니.
> 自彊不息, 德施普也
> 스스로 힘을 쓰고 쉬지 않으며, 덕을 널리 베풀어라.

뭘 분배하느냐? 덕성을 배워서 분배하라는 거죠. 실천적인 학자는 덕성을 갖춘 사람을 말합니다.

학자라면 지행일치知行一致 하라는 뜻인가요?

아는 것만 따져서 학자로 부른다면 그것은 진짜 학자가 아니죠. 논문을 쓴다 한들 자기도 행하지 않는 것을 쓰면 뭐합니까?

---

67 유학 오경(五經)의 하나. 만상(萬象)을 음양 이원으로써 설명하여 그 으뜸을 태극이라 하였고 거기서 64괘를 만들었는데, 이에 맞추어 철학·윤리·정치상의 해석을 덧붙였다.

예전에 1970년대에 철학계에서 프랑크푸르트학파의 비판 이론을 소개해서 국내에서 뜬 사람이 있었어요. 유명해져서 유신정우회維新政友會, 일명 유정회 국회의원이 됐지요. 당시는 유신헌법에 따라 박정희 대통령이 지명만 하면 됐어요. 그런데 프랑크푸르트학파는 무비판적인 성향에 반대하는, 일명 '비판 이론 학파'였어요. 그런 사람이 유정회 국회의원이 된 거죠.

그러면 논문을 왜 썼나요? 국내에는 왜 소개했고요? 나는 그런 사람을 철학자가 아니라 기자라고 생각해요. 자기 사상과 관계없이 '프랑크푸르트에 갔더니 이런 것을 하더라' 하고 소식을 알리니까요. 그 사람은 논문을 쓴 게 아니고 르포(현지 보고 기사)를 썼다고 평가합니다.

학자는 학문의 가치를 실현하기 위해 글도 쓰고, 말도 하고, 강의도 하는 것입니다. 자기도 실현하지 않을 것을 왜 남한테 얘기하나요? 논문을 100편 쓰면 뭐 합니까? (안타까운 표정으로) 가치를 실현하지 못하면 논문은 왜 쓰나요?

독일 마인츠에 가면 구텐베르크박물관Gutenberg-Museum Mainz이 있는데, 한국 사람들은 가보면 기분이 좋을 거예요. 인쇄 박물관에 한국실이 따로 있거든요. 1377년 고려 때 인쇄한 〈직지심체요절直指心體要節(직지심경直指心經)〉의 복사본이 전시되어 있죠. 세계 최초의 금속 활자본으로 공인되었는데, 금속 활자를 만들고 인쇄기를 발명하여 1455년에《구텐베르크

성서》를 출판한 구텐베르크Johannes Gutenberg보다 먼저 만들었다고 설명합니다. 뮌헨에 가면 독일박물관Deutsches Museum이 있어요. 세계 최대 규모와 명성의 과학기술 박물관인데, 독일 항공기 같은 것을 자랑하죠. 거기에도 세계 최초의 철갑선인 조선의 거북선이 있어요.

그런데 다 허울이에요. 지금 우리 인쇄술이 고려 인쇄술을 승계한 게 아니고, 구텐베르크 인쇄술을 배운 거잖아요. 구텐베르크가 1450년에 인쇄기를 발명한 뒤 50년 동안 유럽에서는 책이 5000만 권이나 나왔다고 해요. 인쇄술은 짧은 시간에 많은 사람에게 책을 읽도록 했어요. 반면에 조선 때 우리는 책을 몇 권이나 찍었나요? 일찍 발명해봤자 아무 의미가 없는 거죠.

조선의 지력(지식의 힘) 수준을 높이는 데 도움이 안 됐나 보군요?

유럽처럼 책이 5000만 권이 나왔다면, 일찌감치 프랑스혁명이나 영국 산업혁명 같은 게 조선에서도 일어났겠죠.

칸트는 로마에 있는 성베드로성당을 가 보지도 않고 훤히 알기도 하고, 세상 소식에 정통했어요. 직접 여행은 안 했지만 책을 읽은 덕분이죠. 유럽의 경우에는 언어가 15개쯤 되는데, 웬만한 책이 나오면 바로 15개 언어로 번역됐어요. 칸트는 독일어와 라틴어밖에 몰랐지만 많은 책을 읽을 수 있었죠. 칸트가 프랑스어나 영어도 공부해야 했다면 우리가 아는 위대한 철학자 칸트는 안 나왔을 거예요. 외국어 공부에 시간을 다

빼앗겼을 테니까요.

우리는 어린아이 때부터 영어 공부에 매달리는데요.
외국어에 너무 많은 시간을 보내면 창의력이 안 나와요.
내가 독일어로 된 칸트 책을 열심히 번역해서 한국인 유학생
들의 유학 시간을 평균 1~2년을 단축시켰어요. 내가 번역한
책을 빨리빨리 읽고 논문을 쓰는 부분만 공부하면 되니까요.
독일에서 유학생들이 내 책을 찢어지게 봤다고 해요. 대학교
에서 진도를 빨리 나가니까 원서를 읽어서는 따라가기 힘들
어서 그렇다고 해요. 아이러니하게도 내 책을 외국에서 더 많
이 사 간다니까요.

철학이나 고전은 원서로 읽어야 하는 줄 알았는데, 그게 아니네요.
아무래도 속도가 늦잖아요. 요즘 유학생들이 원서를 읽어서
내 수준만큼 따라오려면 내 나이가 되어야 할 걸요.

좀 전에 선생님은 학자로서 자부심을 드러내셨는데요.
그럼요. 그렇지 않으면 절필해야죠. 실행하지 않으면 다른 길
을 가야죠.
서양은 200년 전부터 완전히 분업이 되어 있어요. 학자가 갑
자기 장관 하는 일은 없습니다. 각자 역할이 있는 것입니다.
정치도 다년간의 훈련이 필요합니다. 아마추어가, 교단에 있

다가 난데없이 행정과 정치를 하는 거 아닙니까? 그러니까 나라가 엉망이 되는 거예요. 해보고 안 되면 그만둬야죠. 계속해서 아마추어들이 이 나라를 움직이려고 합니다. 학자 하다가 갑자기 정당의 당수가 되고요. 아니, 그 정당에서 잔뼈가 굵은 사람이 해야지, 정당에 있는 사람들은 지금까지 뭐 한 것입니까?

깊이가 너무 얇아요. 너무 무게가 없습니다. 누가 그 길에 들어서면, 나를 예로 들면 학자 생활을 하는 데 벌써 40년 이상을 사회가 나에게 투자한 겁니다. 내가 좋아서도 하지만 이제는 받은 것을 갚아야죠. 학자로서 갚아야죠. 싫다고 그만둘 상황이 아니에요.

서울대에서 인문학연구원장을 맡았던 것도 그런 이유에서인가요?

몇 가지 하고 싶은 게 있어서 맡았죠. 학자들이, 전체를 바라보는 사람이 별로 없더라고요. 논문도 미주알고주알 쓰죠. 서양에서는 자기 것이니까 잘게 쪼개서 써도 의미는 있어요. 하지만 우리는 미주알고주알 필요 없어요.

내가 칸트의 모든 책을 번역해서 한국어판으로 출간했어요. 다음에는 스피노자Baruch Spinoza[68] 책을 내려고 해요. 칸트 귀신이

---

68 네덜란드의 유대계 철학자(1632~1677). 데카르트의 합리주의에 입각하여 물심 평행론과 범신론을 제창하였다. 저서에 《윤리학》, 《신학 정치론》, 《지성 개선론》 등이 있다.

되는 게 아니고요. 어떤 책을 공부하는 것보다 스피노자 공부하는 게 의미가 있어요. 후배들한테 시각을 바꿔주려고 해요.

철학은 어렵다

철학은 왜 어렵나요?

철학은 소설이 아니에요. 독자들이 다년간 연구하면서 철학을 읽어야 하는데, 한 번에 읽으려고 하죠. 그리스철학을 읽듯이 근대철학을 읽을 수는 없어요. 그리스철학은 동양으로 말하면 《논어》를 읽으면 이해할 수 있는 비슷한 수준이에요. 그 당시 그리스 사람들도 이해할 수 없었겠죠. 문화가 진행되면서 지금은 그리스철학 정도는 이해하죠.

각자의 눈높이에 맞춰서 철학을 공부해야 해요. 고등학생부터는 가능하지만, 중학생 아래한테는 철학 강의를 못해요. 독서도 나이에 따라 다르게 해야 좋아요. 중학교 때까지는 소설을 많이 읽어서 상상력과 감수성을 키워야죠. 고등학교 때부터는 철학책을, 대학교에서는 자연과학과 교양서적을 접해야 합니다. 교양은 전문 지식과 상관없어요. 철학책을 시작할 때도 미국 철학자이자 철학역사학자 람프레히트S. P. Lamprecht의 《서양철학사》나 미국 철학자이자 문명사학자 윌 듀랜트

Will Durant의 《철학 이야기》를 읽어보면 좋아요. 시는 어렵지만 시인을 사랑하면 시가 좋아지거든요.

철학은 굉장히 추상적인 언어들을 쓰는데, 문화가 진행되면서 일상 언어로 통일이 되죠. 인류가 초기에는 먹고사는 얘기만 했잖아요. 개인도 마찬가지예요. 초등학교 애들의 말을 우리가 잘 모르죠. 개인만 성장하는 게 아니고, 세대도 사회도 성장하는 거니까요. 처음에는 사물을 보는 실물 언어만 사용하다가 생각을 깊게 하면 언어를 추상화하잖아요.

칸트가 《순수이성 비판》에서 정리한 '감성→지성→이성'의 단계적이고 체계적인 사고를 어떻게 하면 되나요?

훈련이 필요하죠. 칸트는 《형이상학 서설》에서 "수학과 물리학은 어려워서 '내가 전문가가 아니라 알아듣지 못하는구나' 하고 생각하는데, 철학은 다들 이해할 것이라고 생각한다." 라고 말했어요. 철학도 수학이나 물리학처럼 상당한 훈련을 받기 전에는 이해하기 힘들어요. 금방 안 돼요. 책 한두 번 읽고 이해 안 된다고 하면 물리학에 비해 유난히 철학을 만만하게 생각한 거죠.

철학의 말 하나하나가 어려워요. 기계도 부속품을 알아야 하듯이 철학도 마찬가지예요. 칸트가 특별히 어려운 게 아니죠. 진짜 어려운 것은 헤겔Georg Wilhelm Friedrich Hegel[69]이죠. 하이데거Martin Heidegger[70]도 어렵고요. 칸트까지는 쉬운 편에 속하죠. 혼자 《삼국지》를 읽듯이 하면 안 되죠. 니체만 해도 문학적이라 이해가 되고, 쇼펜하우어Arthur Schopenhauer[71] 정도도 읽을 수 있죠. 정통 철학자들의 책은 훈련을 받아야 해요.
그런데 기자님은 칸트 책을 왜 읽었나요?

살면서 철학이 필요하다는 생각이 들어서요. 작년 여름에 호기심으로 칸트의 3대 비판서 네 권을 샀죠. 너무 어려워서 아스피린 약까지 먹으면서 최근까지 읽었어요. 솔직히 다 이해하지는 못하고요. 인터넷으로 영상 강의를 찾아 들어봤는데도 어렵더라고요.
철학, 잘 모르겠어요.

사전을 찾아보면 삼라만상을 탐구하는 것을 학문이라고 정의해요. 고대에는 모든 학문을 담았으니까 맞는 말이죠. 그런데 근대에 오면 물리학·수학도 아니고, 개념에 의한 '이성 지

---

69   독일의 철학자(1770~1831). 독일 관념론의 완성자로서 자연, 역사, 정신의 모든 세계는 끊임없이 변화하고 발전하여 가는 과정이며 이들은 정반(正反), 정반합(正反合)을 기본 운동으로 하는 관념의 변증법적 전개 원리로 설명될 수 있다고 주장했다. 이 변증법적 원리는 이후의 마르크스주의에 비판적으로 계승되어 19세기 이후의 사상과 학문에 큰 영향을 끼쳤다. 저서에 《정신 현상학》, 《논리학》 등이 있다.

70   독일의 철학자(1889~1976). 프라이부르크대학교의 교수와 총장을 지냈다. 키르케고르의 영향을 받고 후설의 현상학을 바탕으로 인간의 존재 현상에 관한 실존주의적 존재론을 전개하였다. 저서에 《존재와 시간》, 《근거의 본질》 등이 있다.

71   독일의 철학자(1788~1860). 관념론의 입장을 취하였고, 염세관을 주장하였다. 저서에 《의지와 표상으로서의 세계》 등이 있다.

식의 체계'가 등장하죠. 순전히 이성적인 지식이에요. 자연과학처럼 실험·관찰·통계에 의한 지식이 아니죠.

이성만 갖고 하는 학문이 두 개 있어요. 바로 수학하고 철학이에요. 물리학은 실험실이 있어야 하는데, 수학은 연필과 종이 그리고 휴지통만 있으면 돼요. 철학은 먼 산만 보면 돼요. 아무것도 필요 없어요. 하하. 진짜 빈손으로 하는 거예요. 빈손이란 순전히 이성으로만 궁리하는 거죠. 많은 일상생활은 가시적인 세계에서 살면서 하죠. 보여주고 만지고요. 철학은 보여주고 만질 수가 없어요. 당연히 어렵죠.

그런데 철학이 왜 필요한가요?

사람의 삶에는 눈에 보이는 세계만 있는 게 아니죠. 사랑이 눈에 보이나요? 사랑을 설명해야 할 거 아니에요. 사람이 밥만 먹고 사나요? 자동차만 가지면 되나요? 인간의 세계 중에서 이성적인 수단을 통해 접근할 수 있는 세계가 있어요. 그 세계를 철학이 들어가는 것입니다. 예전 고대철학에서 소크라테스나 플라톤Platon[72]은 물론 수학과 과학까지 다 공부했

---

72 고대 그리스의 철학자(B.C. 428?~B.C. 347?). 소크라테스의 제자로, 아카데미를 개설하여 생애를 교육에 바쳤다. 대화편(對話篇)을 다수 쓰고, 초월적인 이데아가 참실재(實在)라고 하는 사고방식을 전개하였다. 철학자가 통치하는 이상 국가의 사상으로 유명하다. 저서에 《소크라테스의 변명》, 《향연》, 《국가》 등이 있다.

죠, 그런데 가시적인 세계가 다 떨어져 나가고 순수철학純粹哲學만 남았죠.

근대 이후의 많은 철학 중에 왜 칸트철학을 코페르니쿠스적 전환이라고 말하나요?

지구를 중심으로 태양이 돈다고 생각했는데, 코페르니쿠스가 태양을 중심으로 지구가 돈다고 했죠. 당시 사회에 크나큰 충격을 주었죠. 그것에 비견할 만한 인식론상의 전환을 가져온 것을 비유해서 칸트가 자신의 인식론에서 설파한 말이에요. 쉽게 설명하자면, 객관주의 시대가 주관주의 시대로 바뀌었다는 뜻이죠. 예전에는 존재자가 있었어요. 존재를 탐구했죠. 그렇지만 근대 이후 사람들은 (앞에 있는 탁자를 가리키며) 이 탁자를 대상이라고 불러요. 옛날에는 대상이라는 말이 없는 대신 존재자라고 했어요. 대상이라는 말은 주관을 전제로 한 말이죠. 옛날에는 객체가 중심이었지요. 근대에는 주체가 중심이에요. 가령 '1-1=0'은 지금 내가 계산했죠. 기자님도 그렇게 계산하죠? 각자가 주체지만 공통의 주체죠. 주체란 보편성이 있어요.

약간 어렵네요. 칸트 이전과 비교해서 존재의 의미에 대해 쉽게 좀 설명해주세요.

고대와 중세의 이론은 다 존재자를 전제로 하죠. 어려운 애기인데요. 칸트는 존재자를 '주관'이 규정하는 것으로 봤습니다. 우리는 사물이 언제 어디에 있냐고 묻죠. 인간의 사고 구조에서 나온 생각이에요.

하지만 잘 생각해보세요. 사물 자체는 자기가 언제 어디에 있는 줄 몰라요. 그런데 인간은 최소한 사물을 '언제 어디에'라는 시간과 공간, 또 주어와 술어 관계로 생각해요. '이 책상은 딱딱하다.' 이것도 사고의 틀이에요. 이런 유형으로 세상을 읽어내죠. 글자로 예를 들면 자연 자체에는 'B, O, O, K'만 있는데, 인간이 그것을 조합하면 'BOOK'의 의미가 생겨나죠. 자연에 의미를 부여해서 우리가 살고 있어요. 정확히 말하면 자연 자체가 그런 의미인지는 모릅니다. 우리 눈에 그렇게 보일 뿐이죠. 칸트는 자연 자체라는 말을 하지 말라고 했어요. 우리 눈에 그렇게 보일 뿐이니까요.

사람이 개념이란 안경을 쓰고 보고 있을 뿐, 자연 자체는 인간의 이성으로는 정확히 모른다는 말씀이군요. 칸트는 신의 존재에 대해 증명할 수 없다고도, 있다고도 했는데요.

하느님이 보는 영역이 우리가 보는 세계하고 같을 수는 없어요. 철학사나 세계사에 남는 사람들은 틀을, 이른바 세상을 읽은 문법을 새로 제안한 사람들이죠. 컴퓨터가 세상 패턴을 바꾼 것처럼요. 칸트는 이 세상을 바라보는 눈을 바꾸었어요. 칸트 이전에는 '신이 존재하느냐? 존재하지 않느냐? 또 존재하는 게 뭐냐?' 이렇게 싸웠죠. 존재는 언제 어디에 나타난다는 의미죠. 그러나 칸트는 신에 대해 존재한다는 표현을 쓸 수 없다고 말했어요. 쓸데없이 싸우지 말라는 거죠. 신은 존재하지 않고, 영원히 불멸한다는 거예요. 시간에 구애를 받지 않으니까 존재하지 않는다고 말한 것이죠. 하느님(개신교에서는 '하나님')이 존재하지 않으면 교회가 무너지겠죠? 교회가 모든 가치관을 제공했으니까요. 칸트는 '뭔 소리냐? 왜 교회가 무너지느냐?'고 말했어요. 계시종교啓示宗教[73]는 헛것이라고 지적했지만, 이성의 종교를 세운 거죠. 희망의 종교죠. 우리 인간은 하느님이 있다고 증명할 수는 없죠. 대신 하느님이 있으면 좋겠다고 희망할 수는 있어요.

신이 유용성 측면에서 필요하다는 거네요.

자신이 영원히 불멸하다는 것을 증명할 수는 없죠. 그래도 내가 불멸할 수 있으면 좋겠죠. 바랄 수는 있습니다. 칸트가 희망의 세계를 열었어요.

사람들이 지식을 동원해 설명하려고 하는데, '진짜 지식이 뭐냐?' 이겁니다. 인간의 세계에서 지식은 (손가락 끝을 가르키며) 요만큼도 안 돼요. 결국 지식으로 설명할 수 없다는 것입니다.

---

[73] 인간에 대한 신의 은총을 바탕으로 하는 종교. 기독교, 유대교, 이슬람교 등이 이에 속한다.

책 제목 그대로 '순수이성 비판'이네요. 칸트가 증명하려고 했던 신의 존재에 대해 정리를 해보죠.

칸트는 '신이 있다, 없다'라는 말을 쓸 수가 없다고 말했어요. 존재는 공간과 시간에 제약을 받으니까요. 예컨대 '철수가 없다'는 말은 '있다'를 전제로 한 말이죠. 신에는 그런 말을 쓸 수가 없다는 겁니다. '신이 없다'는 말에도 칸트는 웃었죠. '그것을 어떻게 아냐?'는 것입니다. 이런 점에서 칸트가 부질없는 형이상적 의제를 다 해소한 거죠.

칸트 이후에는 신의 존재를 이론적으로 증명하는 작업이 다 없어졌죠. 그전까지는 신의 존재 여부를 놓고 논란을 많이 벌였죠. 지금은 유일하게 남아있는 게 '간증'인데, 뭐 봤다는데 어떻게 합니까? 간증하는 사람과 동조하거나 말거나죠.

신의 존재에 대해서는 역시 신앙인과 학자는 생각이 다른 것 같아요. 니체는 칸트를 형식주의자라고 비판했어도, 종교와 관련해서는 신과 구원을 파는 성직자를 비판했습니다. 신에 대해서는 칸트 편을 든 것인가요?

니체는 감성주의자죠. 칸트와 달라요. 칸트는 계시종교를 비판했지만 신神 자체를 부정하지 않았어요. 즉 도덕론이 신을 통해 완성되기 때문이죠. 칸트가 최고로 내세운 게 최고선의 세계예요. 착하게 사는 사람이 복을 받는 세계죠.

그런데 현실에서 착하게 살면 백이면 백, 모두 복을 못 받습니다. 현실에서는 거의 기대할 수 없는 겁니다. 만약 착하게 살면 복을 받는다고 하면 사람들이 줄을 서서 착하게 살려고 하겠죠. 앞다퉈 착하게 살겠죠. 굳이 가르칠 필요도 없고요. '착하게 살면 복을 받으면 좋겠다'는 게 모든 사람의 소망입니다. 착하게 사는 사람은 성경 중에서 '주의 기도문'을 가장 좋아합니다. '뜻이 하늘에서 이루어진 것같이 땅에서도 이루어지이다.'라고요. 죽어서 천국 가자는 게 아니고, 그 천국이 이 땅에 내려오기를 기원하는 것입니다. 그것은 사람의 힘으로 안 되기 때문에 하느님의 힘이라도 끌어와야죠. 물리학적 증거는 없지만요. 허망한 얘기지만 그런 소망을 갖고 사는 게 좋아요. 간절한 소망을 갖고 사는 게 좋죠. 과학적인 세상만이 좋은 세상이 아닙니다. 희망의 세계가 좋은 거예요. 칸트가 그것을 《순수이성 비판》, 《실천이성 비판》을 통해 역설한 것입니다.

행복과 도덕이 만났을 때

《영구 평화론》이란 책에서 칸트는 '국가권력 아래서 돈의 힘만큼 가장 믿을만한 것은 없다'라고 했는데, 무슨 뜻인가요?

'제1추가사항'에 나오는 얘기죠. 상업은 사익을 추구하는데

교호적 사익을 통해, 예컨대 국제자본이 한국에 투자할 때 한국전쟁이 나면 회수할 수 없으니까 전쟁이 일어나지 못하게 한다는 뜻이죠. 막강한 군주가 전쟁을 하고자 하는 것을 자본투자가 막을 수 있다는 것이죠. 군주는 전쟁에 필요한 물자를 백성들한테 조달합니다. 전쟁을 하려 할 때 국제자본이 들어오면 압력을 가한다는 것입니다. 국제적인 투자자가 왕한테 선물을 안 준다든지 해서요.

국가권력에 맞설 수 있는 자본이 들어오면, 결과적으로 뜻밖의 효과가 있다는 거죠. 요즘 사람들은 국제 자본이 거꾸로 전쟁을 일으킬 수도 있다고 생각하겠죠.

칸트는 애덤 스미스Adam Smith[74]의 《국부론》[75]에 대해 비판적이었어요. 당시 독일은 영국에 비해 후진국이었어요. 칸트가 뭐 경제에 대해 식견이 있는 것도 아니었고요. 쉽게 말해 사익을 얻기 위한 게 공익에도 기여한다는 것입니다. 다양한 민족과 종교가 세계 평화에 도움이 된다고 했어요. 곤충의 종류가 다양해서 지구의 종말까지 남을 것이라고 했죠. 전체가 하나의 나라로 되면 위험한 독재의 나라가 될 것이라고 했어요.

---

74 영국의 경제학자·철학자(1723~1790). 고전파 경제학의 창시자로, 중상주의적 보호 정책을 비판하고 자유경쟁이 사회 진보의 요건임을 주장하면서 산업혁명의 이론적 기초를 다졌다. 저서에 《국부론》, 《도덕감정론》 등이 있다.

75 이윤 추구를 목적으로 하는 개인의 '보이지 않는 손'의 작용으로 나라의 부(富)를 증대한다는 이론에 근거하여 자유방임 경제를 주장하였다. 최초로 자본주의 사회를 체계적으로 파악하였으며, 고전 경제학 이론의 대표적인 저서다.

선생님은 경쟁을 어떻게 보세요?

상대를 북돋우는 경쟁이 있고, 상대를 파괴하는 경쟁이 있죠. 생명을 약동시키기도 하니까요. 뭐든 적당하면 좋은데, 지나치면 안 좋아요.

혹시 선생님은 돈 버는 것을 안 좋다고 보시나요?

그게 아니라 돈을 많이 벌었다는 사람을 생각해보죠. 빌 게이츠 같은 경우에 결국 우리에게 싸게 팔 제품을 비싸게 팔았다는 것 아닌가요? 지금쯤은 소프트웨어를 그냥 나눠줘도 되는 것 아닌가요? 수탈해서는 지금 거룩하게 쓰고 있잖아요. 실제로 많은 부는 '잉여'이거든요.

경제학적으로 맞지 않는 공산주의 개념 같습니다. 마르크스Karl Heinrich Marx76적 시각인가요?

---

76 독일의 경제학자·정치학자·철학자(1818~1883). 독일 관념론, 공상적 사회주의 및 고전 경제학을 비판하여 과학적 사회주의를 창시하였다. 헤겔 좌파 사상의 영향을 받고 급진적인 부르주아 반정부 기관지 《라인 신문》의 주필로 있다가, 신문의 폐간으로 파리로 망명하여 사적 유물론 사상을 확립하고 1848년에는 엥겔스와 함께 〈공산당 선언〉을 집필하였다. 1849년 이후에는 런던에서 빈곤과 싸우며 경제학 연구에 전념하고 《자본론》 저술에 몰두하였다. 이는 역사의 유물 변증법적 해석으로 프롤레타리아의 역할을 인식하고 해방을 추구하여 계급투쟁의 이론을 수립한 것으로 평가받고 있다. 국제 공산주의 조직인 '인터내셔널'을 만들었으며, 저서에 《신성 가족》, 《경제학 비판》, 《프랑스의 내란》, 《철학의 빈곤》, 《자본론》, 《고타 강령 비판》 등이 있다.

그것은 아닙니다. 기본적으로 그렇다는 거예요.

돈만 밝히는 차원을 떠나야 인문학이 있습니다. 인문학 강의를 들어서 '회사 이익에 도움을 받겠다. 우리 사원을 산업 전사로서 우려먹을까?' 하는 사장한테 '사원을 인격체로 대하라. 사원은 생산수단이 아니다. 너와 똑같은 인간으로 대하라!'라고 인문학이 가르칩니다. 사람이 노동을 통해 자아를 실현하기 때문에 노동이 꼭 착취만은 아니죠. 노동을 안 하면 재미가 하나도 없어요. 노동의 산물을 서로 향유하는 것이죠. '월급 얼마 줬으니까 빼먹어야겠다. 저놈들 더 굴려야지.' 그런 관점으로 보지 말라는 것입니다. 이것을 깨닫기 위해 인문학 강의를 들어야 하는 것이죠.

경제는 '경쟁과 효율'인데요.

경제학자들은 그렇게 말하죠. 반면 인문학자들은 '경쟁만이 삶의 좋은 방법이 아니다. 경쟁만이 사람답게 사는 길이 아니다.'라며 딴지를 걸어주는 것이죠. 인문학자는 또 다른 경제학자가 아닙니다. 경제학자의 보조 수단도 아니죠. 경제학은 효용을 추구해요. 기계공학자도 추구하는 게 있어요. 철학도 추구하는 가치가 있죠. 결국 철학자의 가르침을 가미해서, 두 발 내딛을 것을 한 발만 내딛자는 겁니다.

칸트철학이 21세기 사회에 던지는 의미는 무엇일까요?

철학이 하는 일은 인간이 왜 존엄한지를 밝히는 일입니다.

현재 21세기 상황을 보면, 모든 것을 이익으로 계산하는 공리功利주의적 가치관, 즉 물리物理주의적 세계관이 팽배하죠. 공리주의적 가치관은 모든 것을 이익으로 환원하는 것이죠. 그렇게 하면 무슨 이익이 되나요? 인간의 행복에 도움이 된다고요? 공리주의가 행복주의인가요? 또 물리주의는 모든 인간 활동을 물리학적으로 설명하려고 하는 것이죠. 영혼이 없어지고, 신경계통으로 환원이 되니까요.

인간 존엄성은 대체 불가능성에 있습니다. (찻잔을 가리키며) 이 컵도 가치가 있죠. 컵을 깨뜨리고 10개를 가게 사장한테 사준다고 하면 좋아하겠지요. 아마 '더 깨라'고 하겠죠. 그런데 만약 사람을 죽여 놓고, '더 좋은 사람을 낳아줄게.'라고 한다면 말이 성립이 되겠어요? 존엄은 대체 불가능한 것입니다. 시계가 부서졌을 경우 가격이 5만 원짜리인데, 수리비가 20만 원 들면 차라리 하나 사는 게 낫지요. 똑같이 다친 사람한테 '치료비가 더 들어가겠네.' 하면서 사람을 버리고 '하나 낳아서 기르지, 뭐.' 이게 인간에게는 안 되는 것입니다, 남들이 볼 때는 못난 내 자식이 나한테는 예쁜 거예요.

사람은 비교를 하면 안 돼요. 내 자식을 남의 자식하고 비교하면 안 됩니다. 비교는 가격이 있을 때 하는 것이죠. 사람은 가격이 없어요. 비교할 수 없는 것입니다. 사람 하나하나가 존귀한 거예요. 이게 칸트철학의 핵심입니다. 인간 존엄성을 강조하는 이유예요.

인간이라면 누구나 행복을 추구하잖아요?

행복 추구가 도덕과 충돌할 때는 피해야죠. 예를 들면, 내가 감을 먹든 떡을 먹든 상관없어요. 내가 감을 먹는데 남의 감을 따먹으면 안 되죠. 행복이 최고 가치라면 다른 것이 종속되죠. 행복하게 살지 말라는 게 아니라, 도덕 가치가 위에 있다는 거예요. 내가 고통을 받더라도 인간의 도리라면 고통을 감내해야죠.

칸트는 행복의 개념을 '원하는 것을 진행해서 이루는 것'이라고 했는데요.

욕구가 충족되는 게 행복이죠. 시험에 합격하면 행복한데, 그것이 도덕과 충돌될 때는 안 된다는 겁니다. 이성이 욕구를 제동시키는데, 공리주의에서는 이성이 행복 추구의 보조 수단이죠. 욕구를 실현하기 위해 꾀를 내는 거죠. '아, 그렇게 해봐.' 하는 모사꾼이죠. 칸트철학에서는 이성이 지배해요. 욕구를 제어하니까 공리주의하고는 달라요.

한국의 자살률이 높은 것도 행복주의의 풍조 때문입니다, 행복에 최고 가치를 두니까, 행복이 성취되지 않을 것 같으면 삶을 포기하는 것입니다. 행복하게 살려고 너무 애쓰면 안 돼요. 인생의 의미를 다른 데 두면 다르죠.

행복 추구가 도덕과
충돌할 때는 피해야죠.
예를 들면, 내가
감을 먹든 떡을 먹든
상관없어요. 내가
감을 먹는데 남의 감을
따먹으면 안 되죠.
행복이 최고 가치라면
다른 것이 종속되죠.
행복하게 살지 말라는
게 아니라, 도덕 가치가
위에 있다는 거예요.
내가 고통을 받더라도
인간의 도리라면
고통을 감내해야죠.

명사^{名士}들은 육체적이든, 정신적이든 행복하게 살라고 강조하는데요. 특히 물질적인 행복이 전부가 아니라며 정신적인 행복을 강조합니다.

다 쓸데없는 소리예요. 인간은 기본적으로 정신적인 존재자가 아니라 신체적인 존재자죠. 행복이라는 것은 물질적인 충족이 없으면 어떻게 가능해요? 인간이 무슨 천사예요?

칸트는 '정복淨福'과 '행복幸福'을 구분했어요. 신체적인 욕구를 충족하지 않고 행복감을 느끼는 것을 정복이라고 했죠. 하느님이나 천사가 누리는 것이죠. 신체 욕구를 충족하지 않고, 해탈하니까 괜찮죠. 그런데 현실에서 몇사람이나 해탈하나요?

그렇다면 행복 말고 인생의 최고 가치를 무엇에 둬야 하나요?

내 보람 중의 하나가 있어요. 뭐냐면 우리 아들한테 '떳떳하게 살아라!' 하고 강조한 것입니다. 보람을 느꼈던 것은 아들이 유치원 때 체육관 안에서 큰 원을 뛰는 게임을 했을 때죠. 2명씩 뛰면서 우리 아들이 반걸음쯤 앞에서 뛰는데, 다른 애가 선을 안으로 넘어서 아들을 추월하는데도 우리 아들은 선을 지키며 끝까지 뛰더라고요. 내가 속으로 '인생을 그렇게 살아라. 2등이면 어떠냐?'고 했죠.

'인간의 가치는 그 사람이 얼마나 인간이 되었느냐'를 평가하지요. 행복이 아니고요. 다른 얘기를 하면 안 돼요. 얼마나 인간답게 살았느냐가 중요한 것이지, 내가 뭐 행복의 도구예요?

명예는 부질없는 것입니다.

물질적이고 신체적인 충족에 대해서는 어떻게 생각하시나요?
우리 사회는 늙은 부모를 자식들이 책임지는 시스템입니다,
아버지가 아프면 병원에 모시고 가고, 음식도 사 드리고요.
말로만 인사하는 것은 효가 아닙니다. 부모가 자식들을 학교
에 보내주고, 아플 때 병원에도 보내주고, 결혼할 때 집도 마
련해주고 했잖아요. 그게 기본이에요. 물론 절대 빈곤자가 있
어요. 그런 층은 사회가 돌봐죠. 개인에게 맡기면 안 되는
사람을 사회에서 책임지고, 연금 같은 것으로 지원하는 것이
죠. 개인차에 의존되는 것을 바꿀 수 있어요.
대부분은 상대적인 빈곤감 때문에 불행하다고 느끼고 있습
니다. 우리가 '부익부富益富 빈익빈貧益貧'이란 얼토당토않은 얘
기를 입에 달고 살아요. 부자는 더 부자가 되고, 가난한 사람
은 더 가난해진다고요? 더욱더 가난해지지 않아요. 예컨대
누구는 예전보다 다섯 배 부자가 되는데, 나는 두 배 부자가
됐을 뿐이에요. 나 어렸을 때에는 진짜 굶었어요. 지금은 굶
어죽는 사람은 없어요. 그러면 된 거 아니에요? 다른 사람이
10끼를 먹으면 어때요? 내가 세끼를 먹으면 됐지요. 내가 세
끼를 확보했으면 어떻게 인간답게 살까를 고민해야지요. 상
대적인 박탈감, 즉 '배고픈 것은 참아도 배 아픈 것은 못 참는
다.'는 심보를 바꿔야 해요. 왜 배가 아파야 해요?

백종현 칸트철학자

169

일을 많이 한 사람이 300만 원 받고, 일을 적게 한 나는 100만 원 받으면 어때요? 왜 다 똑같이 받아야 합니까? 병원에 입원하면 왜 대기업 회장하고 똑같은 1인실을 써야 합니까? 내 수준에 4인실, 6인실이면 충분한데요. 기업을 통해 수백 명, 수천 명을 고용해서 먹여 살렸는데 왜 나랑 똑같이 평가를 합니까? 나는 누구를 위해서 살았는데요? 칸트가 '인간을 수단이 아니라 목적으로 대하라'고 한 말은 다 똑같이 대하라는 말이 아닙니다.

많은 사람들이 꿈을 꾸는 게 아니라 신기루를 좇아요. 허튼 생각을 꿈이라고 생각해요. 자기 능력보다 30% 더 되는 정도는 꿈이죠. 그것을 넘어가면 사람이 망조 드는 허튼 수작이에요. 7을 가졌으면 '어떻게 3을 더 가질까?'가 꿈이에요. 그런데 3을 가진 사람이 7을 더 가지려고 하면 인생 망쳐요. 30% 정도 앞서가려고 하면 나를 진취적으로 만들어요. 자족自足이라는 말이 현실에 안주하라는 뜻이 아닙니다. 그런데 70%를 좇으면 사람이 허망합니다.

내가 '서울대의 빛과 그림자'란 특강을 할 때 '서울대 교수를 해보니 필요에 비해 내가 부족하더라. 내가 한 일에 비하면 대우가 많더라.'라고 말했죠. 자기가 회사에서 받는 월급이 적다고 생각하는 사람은, 자기가 회사에 뭘 기여했는지를 생각해봐야죠. 자기 생활비보다 미달하는 것만 생각하는데, 생활비는 쓰기 나름이죠.

그렇다고 해도 사회의 기본 생활이 있는데요.

다른 사람이 최저 기본 생활로 최소 인간적인 삶을 살도록 하면 부자가 어떻게 살든지 문제가 안 돼요. 독일에서처럼 최소한의 생계를 유지하도록 하게 하면 되죠. 물론 한국은 문제가 있지만요.

다시 강조하지만, 인간의 존엄성을 증가시키려고 함께 노력하고 살았는가가 중요합니다. 사람들이 중요하다고 생각하는 것은 각자 다르죠. 어떤 사람은 서울시 교통을, 어떤 사람은 나라 잘되는 것을, 어떤 이는 인류 평화를 생각합니다. 어떤 사람은 자기 가족을, 어떤 이는 자기 밥 먹는 것만 생각하고요. '우리 것, 우리 것' 하고 다들 얘기하는데, 사실 콩고 것, 중국 것, 미국 것은 우리 것 아닌가요? 내 것, 우리 것이 얼마나 넓으냐에 따라 삶이 달라져요. 내 것을 얼마나 넓히느냐에 따라서요. 국가도 그렇고요.

대개 인생살이를 말할 때 '이성적으로는 이해하겠는데, 감성적으로는 통제가 잘 안 된다'는 말을 합니다. 이성과 감성이 시계추처럼 서로 왔다 갔다 하지 않나요?

니체의 철학은 감성주의예요. 열정과 생명력의 가치를 앞에 두니까요. 요즘은 감성주의 시대라 니체의 글이 많이 읽히고 있죠. 지금 사람들의 시조始祖니까요.

반면에 칸트는 열정을 끊임없이 통제하라고 했죠. 칸트는 인생관이 다릅니다. 칸트는《판단력 비판》에서 '숭고함'을 강조했어요. 이성으로 격정을 통제하라고 했어요. 격정이 필요 없다는 것은 아니고요.

니체는 격정적이었죠. 그렇게 살다 미쳤어요. 자기 통제가 안되는 사람이었죠. 칸트까지 이성주의가 지속되다가 감성주의 시대로 넘어갔어요. 지금도 그렇고요.

동양과 서양의 사상을 비교해본다면 어떠할까요?

공자는 자연주의예요. 천인합일성天人合一性, 즉 하늘의 뜻에 맞게 살아야 한다는 거죠. 칸트와는 달라요. 칸트는 가치의 근원이 자연에 있는 게 아니라 인간에 있다고 했죠. 자연도 인간 생각에서 나온 거라고요. 인간이 자연의 이치를 만들어 낸 것이니까요.

사람들이 동양 사상만 자연주의라고 생각하는데요. 서양의 고대도 똑같았어요. 그리스 사상만 특출한 것이죠. 바로 인간 위주 사상입니다. 그래서 르네상스 사상이 나왔죠. 다시 그리스 사상으로 돌아가자는 거였죠. 고대에는 그리스를 빼고는 중국, 로마, 이집트가 모두 자연주의였습니다. 그 당시로 보면 어떻게 자연에 버텨요? 자연에 버텨볼 만한 근대과학이 나와서 가능해졌죠. 그리스 사상은 대단한 거예요. 소크라테스, 플라톤, 아리스토텔레스도 대단해요. 근대에 와서 다시 건너뛰어서 인간주의로 간 것이죠.

동양도 인간의 도리를 강조했는데요.

칸트철학에서는 인간이 자연의 본부예요. 자연이 본부가 아닙니다. 공자와는 얼핏 보면 같아 보이는데, 근원을 따져보면 달라요. 예를 들면, 공자도 칸트도 '효도하라'고 했어요. 자연주의자들은 부모가 너한테 베푼 정이 있고, 24시간 진자리 마른자리 가려서 기저귀를 갈아줬다는 것입니다. 부모 장례에서 삼년상三年喪은, 시작을 하나로 쳐서 햇수로 만 24개월인데요. 24란 숫자를 새겨서죠. '너도 기본을 똑같이 해야 한다'는 자연의 이법이라면서요. 모든 도덕률을 보면 맹자도 인의예지신仁義禮智信을 강조하고요. 이런 도덕이 마음에서 우러나와야 한다는 거죠.

칸트는 내 인격을 생각해서 효도하라는 것입니다. 설령 도덕적인 명령이 같다고 해도 명령을 내리는 근거가 서로 다릅니다. 공자는 하늘에 있고, 칸트는 인간에 있어요. 처음에 유럽에서 칸트를 보고 '서양의 공자'가 태어났다고 했는데, 사유의 근거가 달라요. 겉모양은 같아도 이유가 다른 것이죠.

그런데 칸트, 니체, 괴테, 실러Johann Christoph Friedrich von Schiller77와 같은 철학자와 대문호를 배출하고도 독일에서 어떻게 나치즘Nazism이

---

77   독일의 시인·극작가(1759~1805). 괴테와 함께 고전주의 예술 이론을 확립하였다. 작품에 희곡《오를레앙의 처녀》,《빌헬름 텔》등이 있다.

나왔을까요?

칸트, 괴테, 실러, 베토벤, 슈베르트는 보편적 가치를 추구했죠. 반면에 니체, 바그너는 독일적 가치를 추구하는 사람이었어요. 아마 헤겔도 그렇고요.

비록 독일 사람들은 나치를 겪었지만 이성적 판단을 해서 반성을 하죠. 지금은 독일 사람들이 가장 평화주의자죠. 일본은 2급이에요. 1급이 될 수 없어요. 독일을 따라가려면 멀었어요.

인간답게 살아야 하니까

우리 사회에 인문학과 관련된 이야기가 많이 있습니다. 그중 하나가 '철학 교수는 많은데, 철학자는 찾기 힘들다'는 것입니다.

지식을 전수하고 논문 쓰는 게 업이라고 생각하면 그럴 거예요. 인문학은 지식이나 기술이 아니고 '사리를 분별하는 힘'인데 말이죠. 그래서 인문학자한테 성과급을 주려면 50%를 인품으로 평가해서 줘야 해요. 물론 99, 98. 97점인지는 모르지만 상중하 정도는 나눌 수 있어요. '저 사람은 됐다' 또는 '인간이 왜 저 모양이냐?' 하고 평가하는 거죠. 교수를 평가할 수 없다는 것은 다 쓸데없는 소리예요. 왜 못해요? 인생이 원래 대략 해서 되는 거예요. 경계는 애매모호하죠. 평가를 못한다면 인품이 훌륭한 학자가 없다는 얘기인데요. 실제 그런가요?

한국 사회 현상이라고도 말합니다. 바로 '인문학의 유행'과 '인문학의 위기' 말인데요. 먼저 '인문학의 유행' 현상에 대해 이야기를 나눠 볼까요?

일반 시민한테도 관심을 받는 거니까, 어떻게 보면 호황을 맞았죠. 하지만 잘나갈 때 조심해야 해요. 세상사 으레 양면이 있습니다. 인문학의 본질을 놓치면 안 됩니다. 인문학을 통해 연구와 강의를 하고 책을 쓰는 이유는 '인간됨을 배양'하려고 하는 거예요. 많은 경우에 이익 창출과는 반대돼요. 회사 사장들이 인문학을 공부해서 회사 경영에 도움을 받으려고 한다면 잘못 생각한 거예요.

예를 들어, 회사에서 신입 사원으로 100명을 뽑을 경우 경영학과 출신을 95명 뽑고, 인문학과 출신도 5명을 끼우라고 우리가 얘기하거든요. 얼핏 이익 창출에 도움이 될 것으로 생각할 텐데, 그것은 아니고요. 인문학은 경영학의 한 종류가 아닙니다. 경영학은 사기업에서 이익 창출에 목표를 두죠. 인문학도는 그 이익 창출이 인간됨에 보탬이 되느냐를 다시 한 번 반성하라고 옆에서 얘기하는 사람이에요. 반성하고 끊임없이 다시 초심으로 돌아가라는 것이죠.

그런 말이 길게 보면 기업에 도움이 될 텐데요?

만약에 그 도움이 이익 창출에 도움을 주는 게 아니라, 회사가 인간답게 돌아가는 데 도움을 준다면 장기적으로도 손해죠. 만약 10조 원 벌 것을 5조 원 손실 볼 수 있어요. 기업이 인간답게 운영되도록 도움을 주지만, 회사가 망한다면 장기적으로 이익이 된다는 얘기도 성립이 안 돼요. 그런데도 경영자들은 인문학을 통해 기업을 융성하게 만들 것이라든지, 새로운 아이디어를 얻을 것이라든지 말하겠죠. 그렇게 생각하면 별 소용이 없어요.

애플의 CEO 스티브 잡스Steve Jobs는 생전에 '직관直觀'을 강조했는데요.

스티브 잡스는 일단 경영자예요. 많은 인문학도들이 경영자의 비서 역할을 할 수는 있어요. 하지만 그것은 인문학의 본령이 아니에요.

소크라테스, 스피노자가 인문학의 본령이에요. 소크라테스는 재판에서 사형을 선고받았잖아요. 사람들한테 엄청 미움을 받아서죠. 밉상이라는 것이죠. 사형을 선고받은 이유는 '청년들을 타락시켰다. 가치관을 혼란시켰다.'였죠.

또 하나는 소크라테스가 '자기만의 신을 가지고 있다.'였어요. 당대에서 존경받는 사람들을 찾아다니며 '진리를 아느냐?'고 물어보니, 아는 사람이 없었죠. 그래서 '잘 모르면서 왜 아는 척하냐?'며 소크라테스한테 망신당하지 않은 사람이 없었어요. 청년들이 소크라테스를 따라다녔어요.

소크라테스가 정말 자기만의 신을 모셨나요?

자기만의 신은 '자기 양심'이었죠. 아테네의 신이나 제우스의 신이 말했다고 하지 않고, 소크라테스는 자기 양심에 따라 말했어요. 당시 사람들은 소크라테스가 정치 장사에 도움이 안 된다고 생각했어요.

결국 인문학은 인간답게 사는 데 목표를 둬야죠. 다르게 가서 성공하거나 재산을 늘리는 데 도움이 되더라도 인간다움에 어긋난다면 인문학의 정신과 배치됩니다.

그래서 우리가 인문학을 배워야 하나요?

그럼요, 인간답게 살아야 하니까요. 두 번 살다가 죽는 게 아니란 말이에요. 인간의 모든 행위의 초점을 이익 창출에만 두면 안 돼요. 어떻게 더 완전한 인간이 될 것인가에 초점을 둬야 합니다. 그래서 경영학만으로는 안 되죠.

사람들은 정의로운 사회가 좋은 줄 알아요. 법률은 정의로운 사회를 지향하죠. 정의로운 사회는 좋은 사회가 아니에요. 참혹한 사회예요.

사회에서 정의보다 좋은 개념이 있나요? 언뜻 이해하기 힘이 드네요.

정의가 뭐예요? '각자에게 자신의 몫을 주라는 것' 아니에요?

일을 많이 하는 사람은 많이 갖고, 적게 하는 사람은 적게 가지라는 얘기죠. 일을 하지 않는 사람은 굶어죽으라는 얘기인가요? 처음부터 무능력하게 태어난 사람은 자기 몫이 없으니까 죽으라는 말인가요? 좋은 사회는 정의로운 사회가 아니고 '사랑의 사회'예요. 사랑의 사회가 섞인 게 좋은 사회입니다. 하느님은 정의를 갖고 심판하고, 사랑으로 은총을 베풀어주시죠.

성직자 같은 말씀이네요. 혹시 교회 다니세요?

내가 《성경》을 줄줄 외우니까 그런 줄 아는데, 신도는 아니고요. 유교 신자라서 《논어》를 읽나요? 서양의 모든 문화는 《성경》에 기초하고 있어요. 동양 사람들이 서양을 겉으로는 아는 체하지만 잘 이해하지 못하는 것은 기독교를 몰라서죠. 서양 사람도 동양을 이해하려면 불교나 유교를 이해해야 해요.

인간의 모든 행위의 초점을 이익 창출이 아닌 어떻게 더 완전한 인간이 될 것인가에 초점을 두어야 한다고 하셨는데요. 인문학을 일상에서 어떻게 실천하면 되나요?

나는 30년 넘게 아침을 직접 챙겨 먹거든요. 밥이든 떡이든 고구마든지요. 아내도 아침에 늦게까지 자고 싶잖아요. 만약 오늘 떡을 먹고 싶은데 떡은 비싸고 빵은 반값도 안 된다면 나는 떡을 먹고 싶은 욕구를 참고 빵을 먹어야 합니다. 내가 매일 떡을 먹으면 집사람이 굶기 때문이죠. 내 취향대로 했는데 다른 사람한테 영향을 미치면 내가 참아야 해요. 경제적으로만 추구하다 보면 누군가의 권익이나 인간다움을 해칠 수가 있어요. 그러면 중단해야죠.

그렇다고 절대적으로 이익을 추구하지 말라는 게 아닙니다. 충돌이 없는 범위 내에서 얼마든지 하라는 것입니다. 예를 들어, 우리 집은 활성탄 숯에 물을 내리는 정수기를 씁니다. 국내 제약사가 수입 판매한 제품이죠. 두 달에 한 번씩 필터를 바꿔야 해서 한 번에 몇 개씩 사다 놓습니다. 어느 날 약국에 가서 세 개 달라고 했더니, 약사가 '딱 세 개밖에 없네요. 두 개만 가져가세요.' 하더라고요. 헛걸음을 할 수도 있는 다른 손님을 위한 배려죠. 내가 속으로 '이 약사는 사람이 됐다.'라고 생각했어요.

약사가 미리 주문을 하거나 해서 필터를 갖다 놓으면 되지 않나요?

상품이 오는 시간이 있겠죠. 일주일에 한 번씩 배달된다든지, 혹시라도 당장 필터를 갈아야만 할 사람이 나타날 수도 있고요. 돈만 생각한다면 나한테 모두 팔면 그만일 텐데…. 그래서 그 약국 단골이 됐어요.

행동 하나하나에 배려를 하는 게 인문 정신이죠. 많은 사람들이 인문학을 찾는 것은 좋아요. 하지만 절대로 인문학이 처세나 출세에 장식품이 되어서는 안 됩니다. 욕구를 만족시키는 보조 수단이 되어서도 안 되죠. 내 인문학 강의가 욕망을 적당히 조절하는 데 자양분으로써 확산된다면 더 열심히 해야죠. 혹시라도 지적 허세를 위해 '나도 칸트를 읽었어'라며 아는 체하는 데 활용한다면 안 됩니다. 그건 장식 용도예요.

저도 철학을 배우는 생각을 고쳐먹어야겠네요. 원래 인간 됨됨이가 된 사람은 인문학 공부를 안 해도 될까요?

그런 게 어디 있어요? 사람은 모두 짐승으로 태어났는데요.

칸트는 인간이 선하지도 않고, 악하지도 않다며 자발성을 강조했습니다.

자발성은 가꾸는 거예요. 자발성이 저절로 이뤄지면 공부할 필요가 없겠죠. 천재도 훈련하지 않으면 안 돼요. 선善의 씨앗이 있지만 그것을 가꿔야 합니다. 물과 거름도 주고요. 물론 악惡의 씨앗은 없애야죠.

동양 고전에도 일신우일신日新又日新처럼 매일 갈고 닦아 정진하라는 말이 있지요. 인문학에는 동서양이 따로 없네요.

인문학이 유행하고 있지만 한편에선 '인문학의 위기'라는 지적도 있습니다. 인문학과 출신은 취직하기도 힘들고요.

옛날 얘기를 해볼까요. 공자가 어디 취직했나요? 사숙私淑을 했지요. 칸트도 마흔에 처음 봉급을 받았어요. 인문학은 직업

학문이 아니기 때문에 애당초 취직이 잘 안 되는 것입니다. 기본 교양으로 배워야죠.

예전에는 철학 같으면 교수나 교사 밖에 자리가 없었어요. 몇 명 안 됐죠. 철학 전공자가 한두 명뿐이었죠. 교수 한 명이 떠나면 한 명만 필요한 거였죠. 30년간 한 명만 필요한데 다섯 명이 공부하면 한 명을 제외한 나머지 네 명은 교수가 안 되는 거죠. 그래서 기자도 되고, 회사 기획 파트도 가고, 디자인 파트도 들어가고 하죠.

요즘 대학이 고시 공부만 한다고 하는데, 원래 대학이 그래요. 조선시대 성균관이 고시 보는 데입니다. 서양의 대학도 마찬가지죠. 4개가 있는데 3개가 신학, 법학, 의학이에요. 신부(또는 종교 관리)가 되거나, 정부 관리가 되거나, 의사가 됩니다.

나머지 하나는 물리학, 수학, 철학 등을 가르치는 교양입니다. 철학이 기초 학문이라서 철학으로 박사 학위를 따도 철학 박사고, 화학이나 정치학이나 심리학으로 박사 학위를 따도 철학 박사죠. 박사를 영어로 'Doctor of Philosophy', 줄여서 'Ph.D.'라고 하잖아요.

인문학과 출신이 취직하기가 어려우니까 지원자가 별로 없고, 지원자가 별로 없으니 대학마다 인문계열 학과들을 없애기도 합니다.

철학과를 줄이면 인문학이 망한다고 하는데, 나는 안 믿어요. 1980년까지 전국 대학에 철학과가 20개 정도였어요. 학과 정원도 많은 데가 20명이었죠. 1981년에 정부가 졸업정원제를 시행하며 학생 수를 늘렸어요. 인문학은 책걸상만 갖다 놓으면 등록금을 받을 수 있으니까 대학마다 엄청 늘렸죠. 사회적 수요에 의해 늘린 게 아닙니다. 엉뚱한 계기에 의해 늘어났기 때문에, 축소는 정상화 과정이죠. 인문학이 쇠퇴하는 과정도 아니고, 핍박받는 과정도 아닙니다.

하지만 철학 강의는 모든 대학이 다 해야 해요. 공대생이든 경영대생이든 의대생도 철학을 들어야 하죠.

그렇다면 진짜 인문학의 위기는 뭔가요?

인문학의 일자리가 없다고 하는 게 인문학의 위기가 아닙니다. 인문계의 취업난과 인문학계의 위기와는 구별해야죠. '인문 정신의 쇠퇴'가 진짜 인문학의 위기입니다. 인문학이 경제학의 보조 역할을 하는 게 위기죠. 어중이떠중이가 인문학에 몰려 있어요. 제대로 된 인문학자가 나와야 합니다.

흔히들 인문학은 놀면서 해도 된다고 생각하죠. 공학이나 농학, 의학은 그날 공부한 만큼 쌓이기나 하죠. 하지만 인문학은 진짜 어려워요. 밑 빠진 독에 물 붓는 것과 같아요. 계속해서 물을 부어도 가득 차지 않아요. 그렇다고 물을 붓지 않으면 다 빠져 나가서 흔적도 안 남아요. 인문학을 하는 사람들이 의사 되는 만큼도 노력을 안 해요. 인문학은 의사 공부보다 더 해야 해요. 나는 불철주야 공부하라고 합니다. 쉬지 말

나는 일흔이 넘어서도 내년이
궁금해요. 사물이 해가 갈수록
달리 보여요. 예전에는 아등바등
매인 게 있었어요. 지금은
대개 허허(虛虛)롭게 바라볼 수
있거든요. 태도가 바뀌어요.
좀 더 너그러워져요. 사물과
사태를 볼 때도 그렇죠.
그리고 남의 탓으로 안 돌리고요.

고 하라고요. 나는 날마다 글을 A4 한 장씩 씁니다. 1년이면 365장이죠. 쓸데없는 내용을 추려도 책 한 권이 나옵니다. 옛말에 아무리 재주가 좋게 태어나도 노력하는 사람을 못 당한다고 하죠. 지금 마시는 커피도, 점심에 먹었던 쌀도 내가 생산한 게 아니에요. 그냥 얻어먹는 게 아니죠. 인문학도도 밥값을 해야 해요. 인문학도한테도 쓴소리해야 합니다.

노학자이자 인생철학자로서 한 말씀 부탁드립니다. 인생을 살면서 중요한 게 있다면 뭐가 있을까요?

참답게 아는 거죠, 곧 깨달음이죠. 용어를 쓰기 나름인데, 밝게 아는 게 깨달음이에요. 일반적인 지식은 지성知性이고, 깨달음은 오성悟性이죠. 건성으로 알거나 글로만 알면 안 되죠. 지식을 제대로 알면 깨우치는 거죠.

나는 일흔이 넘어서도 내년이 궁금해요. 사물이 해가 갈수록 달리 보여요. 예전에는 아등바등 매인 게 있었어요. 지금은 대개 허허虛虛롭게 바라볼 수 있거든요. 태도가 바뀌어요. 좀 더 너그러워져요. 사물과 사태를 볼 때도 그렇죠. 그리고 남의 탓으로 안 돌리고요.

철학자의 삶은 실제로도 철학적인 것 같습니다.

철학자는 지혜를 가진 자예요. 성인聖人은 아니지만 참지혜를 부단히 추구하고 실천해야죠. 실천하지도 않을 지혜를 추구하고 논설論說하면 업이 되겠습니까? 진정한 철학자는 언제 어디서나 그의 철학대로 살아야 합니다. 철학은 가치관이지, 문헌학이나 고고학이 아닙니다.

철학을 40년간 공부하셨는데, 지금 돌이켜보면 어떤 생각이 드시나요?

참 잘했다고 생각해요. 사람은 어느 시기가 되면 진로를 한 번쯤 바꾸죠. 학생들한테 두 번은 바꾸지 말라고 합니다. 세상 사는 길과 마찬가지로 가능성은 무한히 있죠. 그러나 사람이 걷는 길은 하나밖에 없는 거예요. 왔다 갔다 해도 그 길이 그 길입니다. 무슨 바람이었던지 선택할 시기에 한 여자를 만났으면 이제는 영원히 그 여자랑 사는 거지요. 지금 와서 '잘못 선택했구나!' 하면서 살 이유가 없어요. 아내가 남편을 생각하는 것도 마찬가지고요. 직업도 어떻게 되려다가 기자가 됐으면 그것으로 끝나는 거지요. 다른 직업인 학자나 군인이 더 좋다는 보장도 없는 거예요.

'이것이 하늘의 뜻인가 보다.' 하고 생각해야죠. 어떻게 보면 보케이션vocation(천직, 소명의식)이거든요. 나는 직업이 다 신성하다고 생각해요. 세상에 모든 직업을 경험하고 선택하는 것은 없어요. 세상 여자를 모두 만나고 아내를 고르는 것도 아니고요.

우연을 가장한 필연, 이미 정해진 운명 같은 것인가요?

운명이란 말은 거창하고요. 그냥 내 몫인가 보다, 내 분수인 가 보다, 내 역할인가 보다 생각해야죠. 내 아들이 세상에서 제일 똑똑하지 않지만 가장 예뻐요. 나하고 인연인가 보다 해 서요. 또 아들이 안 예쁘면 어떻게 할 거예요? 하하. 자기 분 수를 지켜야죠.

요즘 젊은이들도 안분지족安分知足을 말합니다. 꿈과 도전보다 오늘 에 만족하며 살겠다며 소확행(소소하지만 확실한 행복)을 찾습니다.

자기에게 주어진 데서 최선을 다하고 사는 게 꿈을 이루는 게 아닌가요? 내 분야에서 세계 최고가 되겠다고 생각해야죠. 현재의 상황이나 처지에 만족하라는 얘기가 결코 아닙니다. 사람마다 세상의 일이 많아요. 맡은 분야에서 최고의 완성도 를 높이는 게 자기의 직분입니다. 나는 철학 분야에서 힘닿는 한 완성도를 높이고요.

사회 각 분야도 좌우로 나뉘어 진영 논리 싸움만 합니다. 사회도 뭔 가 큰 깨달음이 있어야 할 것 같은데요.

보수든 진보든 두 이념은 좋은 가치예요. 자유롭고 평등한 사 회는 좋죠. 그런데 두 가치는 또 앙숙입니다. 우파 보수는 자 유를 최고 가치로 치고, 좌파 진보는 평등을 최고 가치로 여기 니까요. 평등을 이룰수록 자유가 깨지고, 자유로워질수록 평등이 훼손돼요. 두 가치가 박치기하면서 싸우는데, 현실에서는 어떻게 조화시킬 것인가가 중요합니다. 그래서 프랑스 삼색기(파랑, 하양, 빨강으로 자유, 평등, 박애를 상징)가 나온 거예요. 박애博愛는 곧 이웃 사랑이에요.

자유와 평등이 우리 사회가 함께 추구해야 할 가치라면, 그 두 가치 사이에 우애友愛가 있도록 해야 합니다. 우애가 있는 친구라면 도움을 주고는 잘난척하며 으스대거나 뽐내지 않아요. '내가 운이 좋다'고 생각하고 겸손해 합니다. 도움을 받은 친구도 줏대 없이 마음을 굽혀 비굴하게 굴거나 적개심으로 시기나 질투를 하지 말아야죠. 서로 존중해야죠. 언젠가는 서로 처지가 바뀔 수도 있죠.

인간 사회의 최고 미덕은 박애(우애)예요. 미국 철학자 롤즈John Rawls도 《정의론》에서 그것을 강조했죠. '박애는 복종과 굴종의 방식 없이 다양한 공공적 관습에서 나타나는 사회적 존중감을 어느 정도 동등하게 만드는 것'이며, '시민적 우애와 사회적 연대감도 의미한다'고요. 우리 사회가 좀 더 성숙한 시민사회가 되려면 이 이치를 깨달아야 해요.

그런 말은 경쟁이 치열한 사회에서 공허하고 비현실적인 얘기 아닌가요?

사회가 혼탁해서 오염된 개천물이 있다고 쳐요. 종교인이나 철학자들이 얘기하면 '큰물에 한두 컵이나 한두 양동이로 물을 붓는다고 해도 맑아지겠느냐?'고 생각할 수 있겠죠. 그래도 맑은 물을 부어야 합니다.

세상에는 깨달음이 많은데 질과 양의 문제죠. 요즘 후학들이 논문만 쓸데없이 많이 쓰는데요. 나는 쓰고 싶으면 많이 쓰라고 합니다. 난지도처럼 쓰레기도 많이 양산해서 산처럼 쌓이니까, 나중에는 하늘공원이 되더라고요. 그래서 논문을 불철주야로 많이 쓰라고 해요. 누구의 공도 깎을 생각이 없어요. 뭐든지 정성을 다하면 좋죠. 어떤 특정한 잣대로 남을 매도하면 안 돼요. 상호 존중을 해야죠. 모든 행동을 왜 자기 기준에 맞춰 판단해야 하나요? 자기가 진리의 화신입니까?

규칙적이고 절제력이 뛰어난 사람을 우리는 '칸트 같은 사람'이라고 부른다.

칸트는 하루도 거르지 않고 새벽 4시 45분이면 일어나 홍차 한 잔을 마시고, 파이프담배나 코담배를 피웠다. 대학 강의 후 오후에는 집에서 친구들과 약간의 포도주를 곁들이며 하루에 한 번 식사를 했다. 오후 4시에는 집 근처 공원을 어김없이 산책했다. 이 길은 나중에 '철학자의 길'로 불렸다. 풍문에 따르면 칸트는 평생 산책길을 딱 두 번 바꿨다고 한다. 한 번은 루소의 신간《에밀》을 일찍 손에 넣기 위해서였고, 또 한 번은 프랑스혁명이 일어났다는 정보를 얻으러 가기 위해서였다고 한다. 산책로에서 칸트는 땀이 몇 방울이라도 나올 것 같으면 그늘에서 걸음을 멈췄다. 산책한 뒤에는 집에서 책을 읽다가 밤 10시에 잠에 들었다.

칸트는 젊은 시절에 내기 당구로 생활비를 벌 만큼 가난했다. 너무 어려운 철학책을 펴내는 바람에 처음에는 독일 사람들에게 외면당했다. 유난히 몸이 쇠약했던 칸트는 섭생법을 통해 평균수명 50세 시대에 80세까지 장수할 수 있었다고 한다.

인간 존엄성을 최고 가치에 두고, 절제된 생활을 했던 칸트야말로 행복 만능주의와 향락 풍조에 빠진 현대인들에게 살아 있는 귀감이다.

다섯 번째 인생 수업 인터뷰

'생존 부등식'으로
인생을 경영하세요

윤석철 경영과학자

윤석철 경영과학자

1940년 충남 공주에서 출생했다. 서울대학교에서 독어독문학과 물리학을 공부했다. 이후 미국 펜실베이니아대학교 대학원에서 전기공학 박사, 경영과학 박사 학위를 받았다.

미국 미시간대학교 조교수, 서울대학교 교수를 지냈다. 서울대학교 경영정보연구소 소장을 역임했으며, 현재 한양대학교 석좌교수와 서울대학교 명예교수로 있다.

지은 책으로 《삶의 정도》, 《경영학의 진리 체계》, 《프린시피아 메네지멘타》, 《경영학적 사고의 틀》 등을 비롯해 《창업 경영과 기업가 정신》(공저), 《경영분석》(공저), 《윤석철-문학에서 경영을 배우다》(공저), 《경영·경제·인생 강좌 45편》(칼럼집) 등이 있다.

어떤 이는 별을 보고 '견우와 직녀'를 떠올린다. 별은 애틋한 사랑과 이별의 이야기의 소재다. 다른 이는 별을 보고 그 궤적을 쫓는다. 우주를 관측하고, 별까지의 거리를 계산한다. 또 다른 이는 이 둘이 왜 다른 생각을 하는지 관찰한다.

인문학은 인간을 탐구한다. 인간의 삶, 사고 또는 인간다움 등을 다룬다. 과학은 우주 구성의 물리物理를 탐구한다. 그중 사회과학은 인간 행동과 사회구조를, 자연과학은 자연현상을 지배하는 보편적 진리나 법칙을 다룬다.

요즘 들어 인문학과 과학의 벽을 허물고 세상을 보려고 한다. 통섭과 융합의 눈으로 세상사를 보려는 시도다. 인문학과 과학을 모두 공부한 사람은 세상을 어떻게 바라볼까?

다섯 번째 인생 수업 인터뷰에서는 인문학과 과학을 넘나드는 통섭의 지혜를 가진 윤석철 경영과학자를 만나서 이야기를 들어본다. 그가 세상을 읽는 방법이 자못 궁금하다.

지식을 바탕으로 한 지혜

산책을 자주 하시나요?

거의 매일 양재천을 걸어요. 요즘은 나이도 있어서 많이 걷지는 못해요. 여기 아주 좋아요. 저기 가마우지가 보이네요. 옛날에는 여기 양재천도 하숫물이 흘러 냄새도 났잖아요. 요즘은 정말 깨끗해졌어요. 오리도 보이네요. 아! 저기 보세요. 워즈워스William Wordsworth[78]의 'I wandered lonely as a cloud.(구름처럼 외로이 헤매었네.)'로 시작하는 〈The Daffodils(수선화)〉란 시에 나오는 바로 그 꽃이에요. 예쁘죠?

문학에 관심이 많으셨어요? 대학도 독어독문학과에 입학하셨는데요.

우리 때는 악기가 필요한 예능은 못하고, 물감도 없었죠. 가장 하기 좋은 게 독서라서 백일장밖에 없었어요.

독어독문학과를 선택한 것은 당시 1인당 국민소득이 79달러였던 우리나라의 가난 때문이었어요. 제2차 세계대전 때 패전하고도 '라인강의 기적'을 일군 독일을 보고, 어린 생각에 독일어를 공부하고 싶었어요. 대전고 다닐 때부터 제2외국어

---

78   영국의 시인(1770~1850). 자연의 아름다움과 인간과의 영적인 교감을 읊었고, 콜리지와 함께 발표한 공동 시집 《서정 가요집》은 낭만주의의 부활을 결정짓는 시집이 되었다. 시집에 《서곡(序曲)》 등이 있다.

로 독일어를 배웠죠. 마이어푀르스터Wilhelm Meyer-Förster[79]의 희곡 〈알트 하이델베르크Alt Heidelberg〉를 사서 읽을 정도였어요.

그런데 왜 물리학과로 전공을 바꾸셨나요?

독문과에서 1년간 배우며 선배들 얘기를 들어보고 우리나라의 장래를 토론해보니, 독문과를 나와서는 나라에 큰 도움이 안 되겠더라고요. '그럼 무엇을 해야 하나?' 하고 고민하고 있는데, 선배 한 명이 '야! 미국이 지금처럼 잘나가는 이유가 뭐야? 일본에 원자탄을 던져서잖아. 원자탄이 뭐야? 물리학에서 나왔잖아.'라고 말하더군요. 그래서 물리학과로 갔어요. 2학년 때 물리학으로 전공을 바꿨죠. 문과에서 이과로 바꾼 학생은 서울대에서 내가 처음이었죠.

물리학 공부가 어렵지는 않았나요?

대학 졸업 학점이 160학점이었는데, 전공과목과 선택과목이 반반씩이어서 물리학과 문학을 골고루 공부했어요. 그런데 물리학과에 와보니 딴 세상 같았어요. 독문과에서 공부하던 언어와 문학은 인간이 만들어낸 창조물이었죠. 물리학과에

---

79 독일의 소설가·극작가(1862~1934). 작품에 장편 소설 〈카를 하인리히〉와 희곡 〈알트 하이델베르크〉가 있다.

서 공부하는 자연은 인간이 아닌 신의 창조물이라는 생각이 들었어요.

그러다가 미국으로 유학을 떠나셨어요.

장학금을 받아 유학을 갔죠. 당시 한국에 훌륭한 물리학 교수님들이 많이 계셨는데, 그분들하고 얘기해봤더니 '한국이 워낙 가난하니까 엔지니어링을 배워라.' 하고 말씀해주셨어요. 그래서 미국에서는 전기공학을 공부했죠.

그래서 박사 학위를 두 개나 따셨나요?

전기공학 박사 학위를 받고 지도교수로부터 '박사 후 과정 Post-Doctor'을 밟는데, 시간이 남더라고요. 강의를 더 들어야겠다 생각했죠. 당시 다니던 펜실베이니아대학교는 미국 내에서 경영학으로는 1, 2위를 다투더라고요. 그래서 경영학을 공부했죠. 와튼스쿨(펜실베이니아대학교 경영대학원)에 등록했는데, 전기공학을 공부할 때 선택으로 들었던 과목들이 경영과학의 전공과목이더라고요. 같은 대학이니까 학점을 인정해줘서 박사 학위까지 땄죠.

귀국할 때 미국에서 말리는 사람은 없었나요?

1973년 12월에 귀국했는데, 당시 베트남이 전쟁 끝나고 공산화된 것을 보고 한국에 돌아가면 제2의 월남처럼 공산화될 수도 있다며 미국에 남으라고 미국 친구들이 말리더라고요. '내가 한국에서도 여기 미국에서도 내 돈으로 공부한 게 아니고, 장학금으로 공부했기 때문에 안 돌아갈 수가 없다.'고 말했죠.

전기공학과 경영과학 박사인데, 서울대에서는 무슨 과목을 가르치셨나요?

당시 서울대에 경영학 박사 학위가 있는 교수가 딱 두 명이었는데, 1호인 나웅배 교수(전 부총리 겸 재정경제원장관, 2022년에 향년 88세로 작고)가 해태제과 전무로 옮기는 바람에 내가 유일했죠. 청와대나 정치권 쪽에서 오라는 권유가 많았지만 후학들을 가르쳐야 한다며 모두 거절했죠.

미국에서 유학할 당시 수학과 컴퓨터를 활용한 경영과학이 시작됐어요. 그것을 가르쳤죠. 간단히 말하면, 기업에서 의사결정을 할 때 수학과 컴퓨터를 사용해서 최적의 솔루션을 구하는 것이죠. 그 앞의 시대는 경영학을 말로만 설명했는데, 더 이상 말로는 안 되고 수학적으로 분석해야 한다고 해서 경영과학을 가르친 거예요.

수학이 그렇게 중요한가요?

언어로 풀 수 없는 세상의 이치를 수학적 기호와 등식으로 풀어냈으니까 중요하죠.

처음에는 몰랐는데 수학에서 철학이 나와요. 세상에는 수학적인 것과 비非수학적인 게 절반씩 있다고 봐요. 젊어서 물리학과 전기공학을 공부할 때는 수학이 전부인 줄 알았어요. 나중에 보니까 수학적 분석으로 아무리 통계를 내도 최종 의사결정을 할 때 철학의 문제가 되어버려요. 인간 가치관의 문제니까요. 그런데 수학에는 철학이 들어갈 틈바구니가 없어요. 그래서 수학적으로 풀어서 '최적의 해결 방안optimum solution'이 나왔더라도 도덕 양심과 같은 비수학적인 판단이 선택을 결정하는 거죠.

경영자는 수학과 철학을 같이 공부하면 좋겠네요. 하하. 여러 학문을 공부해보셨는데요. 인문학에서 배울 게 많은가요? 과학에서 배울 게 많은가요?

자연 속에는 인간이 배워야 할 풍부한 자원이 아주 많아요. 학문에서 먼저 탄생한 것도 과학기술이죠. 구리에다 10% 정도의 주석을 섞었더니 강도가 250% 높아지는 것을 발견했는데, 이것은 인문학이 아닌 과학이죠. 이후 2500년이 지나서 서양의 아리스토텔레스나 동양의 공자 같은 명석한 분들을 통해 인문학이 시작됐어요. 과학기술의 역사가 인문사회의 그것보다 배가 되는 셈이죠. 그러나 인문사회학이 인간 사회를 위해 기여한 공로는 결코 과학기술의 그것에 뒤지지 않아요.

인문학과 과학을 넘나들며 공부하셨는데요. 진리와 지식의 본질은 인간이 살아가기 위해서는 '알아야 할 것들'이 많이 존재합니다. 그것들에 관해 인간이 현재 알고 있는 상태를 '지식 knowledge'이라 부르죠. 지식이 '진실 honest'과 합치될 경우 그것을 '진리 truth'라 부를 수 있어요. 진실은 '거짓이 없는 사실'이에요.

무엇이던가요?

인간이 살아가기 위해서는 '알아야 할 것들'이 많이 존재합니다. 그것들에 관해 인간이 현재 알고 있는 상태를 '지식knowledge'이라 부르죠. 지식이 '진실honest'과 합치될 경우 그것을 '진리truth'라 부를 수 있어요. 진실은 '거짓이 없는 사실'이에요.

우리가 자연에서 배울 인생의 진리로 '사이클로이드cycloid 곡선[80]'을 꼽으셨어요.

높은 곳에서 낮은 곳으로 어떤 면面을 타고 물체가 내려올 때 45도 각도의 최단 거리를 잇는 직선을 타고 내려오는 경우보다 거리는 좀 더 멀지만 사이클로이드 곡선을 타고 내려올 때가 시간으로는 덜 걸린다는, 더 빠르다는 사실이 이론과 실험에서 밝혀졌습니다.

언뜻 이해가 안 되는데, 사이클로이드 곡면을 따라 내려가는 게 왜 최단 시간이 걸리나요?

물체는 중력에 의해 가속되기 때문에 낙하 시작점에서 출발해 최단 거리인 45도 각도로 면을 따라 내려가면 종착점에 이를 때 최대 속도가 됩니다. 최대 속도가 된 뒤에 운동은 끝나므로

---

[80]   한 원이 일직선 위를 굴러갈 때, 이 원의 원둘레 위의 한 점이 그리는 자취.

축적된 운동에너지는 활용되지 못하고 무용지물이 되죠.

그러나 사이클로이드 곡면에서는 낙하 시작점을 출발해 기울기가 급한 전반기에는 중력가속을 효율적으로 받으면서 운동에너지를 축적합니다. 후반기에서는 기울기가 먼저보다 완만하지만 축적한 운동에너지를 발산해 좀 더 빠른 속도로 목표인 종착점에 도달할 수 있죠. 그래서 '최속강하선 brachistochrone'이라고도 합니다.

자연현상으로 예를 들면, 매는 상공을 맴돌다 지상에 있는 사냥감을 발견하더라도 최단거리로 그냥 직진하지 않습니다. 먼저 수직에 가깝게 낙하하죠. 이러면서 지구의 중력가속을 효율적으로 받아 속도를 높인 뒤 먹잇감을 향해 거의 수평으로 날아가면서 낚아챕니다. 조류학자들의 연구에 따르면 매가 직진할 경우 최대 속도는 시속 168킬로미터지만, 중력가속으로 높아진 속도는 시속 320킬로미터라고 해요.

우리 선조들도 이미 오래 전부터 사이클로이드 곡선을 이용해왔습니다. 가장 쉽게 볼 수 있는 것이 기와죠. 기와는 사이클로이드 곡선을 뒤집어놓은 모양입니다. 빗물이 집 지붕에 머무는 시간을 줄여서 빨리 흘러가게 하기 위해서죠.

흥미로운 수학 방식이네요. 이것을 인간의 삶에 어떻게 활용하나요?

2002년 한·일 월드컵 때 한국 국가대표의 거스 히딩크 감독이 세계 정상 팀과 싸우려면 기초 체력부터 키워야 한다고 했죠.

삶의 지혜가 지식보다
중요해요. 지식은
지혜를 높이기 위한
수단적 존재일
것이라고 봐요.
지식과 달리 지혜의
세계는 어려워요.
예컨대 사람이 결혼해
부부간에 행복한
가정을 이루는 일은
지식으로 되지 않죠.
그것은 인간에 대한
깊은 성찰과 스스로
노력해 터득한 지혜를
필요로 합니다.

기초 체력을 키우는 동안 한국 팀은 번번이 5-0 등 큰 점수 차로 패했습니다. 히딩크는 '오대영'이라는 비난 섞인 별명까지 얻었습니다.

하지만 기초 체력의 목표치에 도달하자 한국 팀은 기술과 전술훈련에 매진했고, 드디어 우회 축적된 능력을 발산하면서 월드컵 4강에 올랐죠. 우회 축적을 하는 기간에는 고생을 감수해야 후일의 원대한 목표를 달성할 수 있습니다.

인생도 단기에 집착하지 않고, 먼 후일을 위한 운동에너지를 축적하는 장기적 지혜를 쓰라는 것입니다. 경영자는 이런 자연과학적 진리를 이해하고 그것을 도입해 현명한 경영을 할 수 있습니다.

지식과 지혜 중에서는 무엇이 더 중요한가요?

지식은 자연에 관한 것이고, 지혜는 인생에 관한 것이죠. 뉴턴이 발견한 중력의 법칙은 지식의 한 예죠. 이런 지식은 강의나 독서를 통해 얻을 수 있어요. 순수 학문을 하는 학자들에게는 지식이 중요하죠.

학자가 아닌 일반인은 삶의 지혜가 지식보다 중요해요. 지식은 지혜를 높이기 위한 수단적 존재일 것이라고 봐요. 지식과 달리 지혜의 세계는 어려워요. 예컨대 사람이 결혼해 부부 간에 행복한 가정을 이루는 일은 지식으로 되지 않죠. 그것은 인간에 대한 깊은 성찰과 스스로 노력해 터득한 지혜를 필요로 합니다.

인생도, 경영도 생존 부등식

경영과학에 대해 이야기를 나눠볼 텐데요. 먼저, 한마디로 정의한다면 '경영'이란 무엇인가요?

인간은 일work을 해야 살 수 있는 존재입니다. 생계를 위해서든, 자아실현을 위해서든···. 일을 잘하면 잘살 수 있고, 잘하지 못하면 그만큼 잘살지 못하는 것이죠. 경영이란 '일을 잘하기 위한 노력'입니다. 따라서 경영학이란 '일을 잘하기 위한 학문적 노력'이고, 인간 삶의 실제에 적용하기 위한 학문입니다. 학문적으로 분석한 경영 이론이 실제 경영에 도움이 되지 않으면 그것은 잘못된 이론이에요.

경영 환경의 변수가 워낙 많은데요.

요즘 기술의 발전 속도가 엄청 빨라졌죠. 환경과 사회관계도 신경을 써야 하고, 제대로 된 분석틀을 써야 합니다. 연역적인 사고든, 귀납적인 분석이든 경우에 따라 가장 유용한 문제 해결 방식을 써야겠죠.

선생님의 책 《삶의 정도》에서 언급하신 '생존 부등식'은 무엇인가요?

기업은 목적함수objective function(목적의 달성도를 최대 또는 최소가 되게 하려는 함수)를 세우고, 여기에 적합한 수단 매체methodic means를 선택합니다. 자유주의 경제 체제에서 추구해온 '이익 최대화'라는 목적함수는 사회적 폐해가 너무 크다는 것이 20세기의 경험입니다. 그것을 대체할 수 있는 새로운 목적함수가 '생존 부등식'입니다. 이것은 '너 살고 나 살기'식 주고받음을 가능하게 합니다. 이제는 기업의 생존 부등식에서 목적함수는 '소비자 만족'에 두어야 하고, 수단 매체는 '소비자가 느끼는 가치'가 무엇인지를 탐색하는 것이 됩니다.

생존 부등식은 제품이나 서비스의 가치, 가격, 원가 사이에 유지되어야 할 관계를 간결하게 표현할 수도 있습니다. '가치Value > 가격Price > 원가Cost'가 그것이죠. 우리나라 제품 중에서 생존 부등식을 훌륭히 만족시킨 것을 들자면 '라면'을 꼽을 수 있습니다. 한국이 종주국인 김치가 중국에서 한국으로 수입되고 있는 현실에서 정작 중국이 종주국인 라면은 한국으로 못 들어오고 있어요.

한국에서 잘 팔리고 있는 농심 신라면 한 봉지의 시중 가격은 마트에서 800~900원인데, 소비자는 신라면에서 3중의 가치를 느끼는 것 같아요. '① 한 끼니의 해결, ② 한국인이 좋아하는 얼큰하고 시원한 국물 맛, ③ 반찬과 설거지 걱정의 최소화'가 그것입니다. 소비자가 느끼는 3중 가치가 1000원이라고 하면, 가격(900원)보다 크기 때문에 잘 팔리는 것이죠. 잘 팔리기 때문에 대량생산의 법칙, 즉 규모 경제scale economy의 효과가 발생하고, 이로 인한 원가절감으로 생존 부등식의 오른쪽 부등호들도 모두 만족되고 있죠.

토인비Arnold Joseph Toynbee[81]는 인류의 문명이 '도전challenge과 응전response의 역사'라고 말했는데요. 선생님은 농심 신라면을 이 말의 성공 사례로도 꼽으셨어요.

1974년에 보릿고개를 없애기 위해 재래 품종에 베트남, 일본, 대만뿐 아니라 열대 지방의 품종까지 가져와 교배 연구를 했는데, 이때 성공한 신품종 '통일벼'는 국가 차원의 경사였어요. 기존 재래 품종보다 단위면적당 생산량이 40%나 늘어 쌀 막걸리 제조 금지가 풀리고 오히려 쌀을 수출했으니까요.

반면에 끼니로 쌀밥 대신 라면을 먹던 식단이 도로 쌀밥으로 바뀌게 되어서 라면회사에게는 위기였죠. 당시에 라면 시장 점유율 1위인 삼양은 통일벼의 등장을 토인비적 도전으로 인식하지 못하고 있었죠. 오히려 점유율이 낮아 고전하고 있던 농심은 '라면 시장에 대한 중대한 도전'으로 인식했어요. 그래

---

81 영국의 역사가·문명 비평가(1889~1975). 결정론적 사관(史觀)에 반대하여, 인간 및 인간 사회의 자유의지와 행위에 의하여 역사와 문화가 형성됨을 강조하였다. 저서에 《역사의 연구》 12권과 《시련에 선 문명》, 《역사가가 본 종교관》 등이 있다.

서 '라면 맛이 쌀밥보다 더 좋아서 라면을 찾는 시대의 창조'
를 비전으로 세웠죠.

결과는 어떠했나요?

당시 면을 강조하던 삼양과의 경쟁에서 농심은 스프에 대해
연구하기 시작했어요. 기존에는 스프를 곰탕 형태로 끓여 섭
씨 300도의 열풍熱風으로 말린 뒤 가루로 만들었어요. 그런데
열처리를 두 번이나 하면 식자재의 맛과 영양가, 향취flavor가
파손되거든요. 그래서 독일에서 만든 열탕熱湯 분해와 열풍건
조공법 대신에 효소 분해와 섭씨 60도의 진공건조공법을 개
발해 새롭게 시도해본 것이죠.

국내 최초의 라면 브랜드인 삼양라면(1963년 출시)은 24년 동
안 라면 시장에서 선두를 달렸는데요. 1983년부터 새로운 스
프 제조 공법으로 내놓은 농심 안성탕면이 1987년에 1위를
차지했고, 이어서 1986년에 나온 농심 신라면은 1991년에 안
성탕면을 제치고 1위를 차지하면서 현재까지 30여 년간 1위
자리를 고수하고 있습니다.

다시 생존 부등식으로 돌아와서요. 이 부등식을 만족하기 위해서 기
업은 어떤 노력을 해야 할까요?

적절히 배합하면 모든 색을 만들어낼 수 있는 색의 3요소 빨
강, 노랑, 파랑이 있습니다. 생존 부등식을 만족시키기 위한

노력의 3요소도 있지요.

제일 먼저 '감수성'을 들 수 있습니다. 감수성은 고객의 필요, 아픔, 정서를 읽어낼 수 있는 능력이죠. 감수성을 기르기 위해서는 어려움 속에 고생하고 있는 사람들을 가까이 해야 해요. 고급 승용차의 검은 유리창, 고층의 화려한 오피스 건물 속에만 머물면 감수성은 퇴보할 수밖에 없어요. 성공으로 인해 신분이 높아진 사람은 낮은 곳으로 임하기 위한 노력을 필요로 합니다. 가난하지만 아름답게 사는 사람들, 어려움 속에서도 진실하게 사랑하며 살아가는 사람들이 존재하는 곳을 자주 찾아가 그들과 어울릴 때 감수성은 성장할 거예요.

두 번째로는 '상상력'이 있습니다. 상상력은 허구적, 실용적, 초월적인 거죠. 고 정주영 현대그룹 회장이 아산만 방조제를 축조할 때였어요. 마지막 100여 미터를 남겨놓고 밀물 때 조류의 물살이 너무 세서 쌓아 올린 토사가 유실되어 마무리가 안 되었다고 합니다. 이런 어려움을 해결하기 위해 그는 폐유조선을 가져다가 밀물의 물살을 막고 방조제를 완성시키는 상상력을 발휘했다고 하지요. 상상력은 실무 현장에서도 혹은 도상연습圖上演習으로도 노력으로 키울 수 있어요. 정 회장이 무슨 공학적이고 물리적인 공부를 해서 그렇게 했겠어요. 스스로 노력하고 터득한 지혜죠.

마지막으로 '탐색 시행'이 있습니다. 드러나지 않은 어떤 것이 반드시 있다고 생각하고 계속해서 찾는 거죠. 자연과학의 학문적 탐구가 아닌 일선 경영에서 탐색 시행을 하기에는 어려운 여건이 있다는 것을 압니다. 하지만 시간과 비용이 크게 들더라도 결과로부터 얻는 보상 역시 더 클 수 있죠.

생존 부등식을 기업 경영이 아닌 인생 경영에서도 적용할 수 있을까요? 생존 부등식 '가치 > 가격 > 원가'를 '실적 > 월급 > 생활비'로 대치해보면 되겠죠.

어느 학생이 학교를 졸업하고 취직해서 월급 100만 원을 받는다고 가정해봅시다. 그 사람이 '나는 월급으로 100만 원을 받으니까 100만 원어치만 일하면 떳떳하겠지.'라고 생각한다면 조직 내에서 곧 도태당합니다. 왜냐하면 '가치(실적) 100만 원=가격(월급) 100만 원'이 되어서 생존 부등식을 만족하지 않거든요. 가치에서 가격을 빼면 '제로'가 됩니다.

그 직원이 예컨대 150만 원 이상의 가치를 창출한다면 어떨까요? '가치(실적) 150만 원 > 가격(월급) 100만 원'으로 생존 부등식을 만족합니다. 그 직원은 가치에서 가격을 뺀 '50만 원'이라는 경쟁력을 갖게 되죠. 조직 내에서도 살아남을 것이고, 회사는 그 직원을 붙잡기 위해 50만 원 이내에서 월급도 올려주게 됩니다.

생존부등식의 오른쪽 부등호인 이 직원이 받는 '가격(월급) > 원가(생활비)'의 문제는 월급을 더 받는 곳으로 이직을 하든지, 근검절약하여 생활비를 줄이는 것으로 해결할 수밖에 없겠

복잡한 것은 약하고,
단순한 것이 강합니다.
이 세상을 단순화하게
사는 방법은 삶의
문제를 목적함수와
수단 매체로
이원화二元化하는 것이죠.
0과 1만을 사용하는
2진법을 사용해 인간은
컴퓨터와 디지털
문명을 이룩했어요.
복잡하게 생각하면
성공하지 못합니다.

지요. 그리고 '짧은 기간의 최적 선택short term optimum'을 생각하면 월급 더 주는 곳으로 옮기는 게 낫지만, '긴 기간의 최적 선택long term optimum'에서 보면 한곳에서 열심히 일해서 큰 성과를 내는 게 더 좋아요.

세상은 갈수록 복잡해지고 있는데요. 선생님은 복잡할수록 단순화해야 한다고 강조하셨습니다.

상품과 환경이 복잡해지고 있죠. 2008년 세계 금융 위기 때만 하더라도, 전문가조차 이해하기 힘든 고수익 고위험 파생상품을 팔다가 위기가 터진 것이죠. 복잡성 때문에 일어나는 부작용이 많아요. 인간의 머릿속이 복잡해지다 보면 선악의 판단도 흐려지기 마련입니다. 이런 관점에서 복잡성을 낮추고, 단순성을 회복하는 일은 21세기가 해결해야 할 과제예요.
복잡한 것은 약하고, 단순한 것이 강합니다. 이 세상을 단순화하게 사는 방법은 삶의 문제를 목적함수와 수단 매체로 이원화二元化하는 것이죠. 0과 1만을 사용하는 2진법을 사용해 인간은 컴퓨터와 디지털 문명을 이룩했어요. 복잡하게 생각하면 성공하지 못합니다. 학생들에게 '연애할 때 복잡하게 생각하고 복잡하게 말하는 사람하고는 때려치워라.'라고 강조했죠. 하하. 단순하게 '사랑해' 이 한마디면 되잖아요.

복잡한 일을 단순화하려면 두루두루 아는 것이 많은 박학다식博學多識한 제너럴리스트generalist가 적합한가요?

그렇죠. 하지만 제너럴리스트가 되려면 먼저 자기 업무에 정통한 전문가인 스페셜리스트specialist가 되어야 합니다. 그래서 기업에서는 이 둘을 합친 '통섭형 인재'를 찾는 것이죠.

경영자라면 기업의 리더인데요. 갖춰야 할 리더십의 덕목은 무엇이 있을까요?

약 2300년 전에 알렉산더Alexander[82]대왕이 페르시아 원정을 떠났을 때 사막 한가운데서 모두가 갈증으로 목이 타 있었어요. 이때 부하가 오아시스에서 물을 구해와 알렉산더에게 바쳤죠. 이러자 도열해 있던 장병들이 모두 부러운 눈으로 대왕을 바라봤죠. 그러자 알렉산더는 마시려던 물을 그냥 땅에 쏟아버리며 '나 혼자 물을 마실 수는 없다. 더 진군해서 오아시스가 나오면 모두 같이 물을 마시자.'라며 진군을 독려했죠.

---

82 마케도니아의 왕(B.C. 356~B.C. 323). 그리스, 페르시아, 인도에 이르는 대제국을 건설하였으며, 그 정복지에 다수의 도시를 건설하여 동서 교통, 경제 발전에 기여하였고, 그리스 문화와 오리엔트 문화를 융합한 헬레니즘 문화를 이룩하였다.

당시 알렉산더의 나이는 스물아홉이었습니다. 리더십은 이처럼 자기희생적 지혜를 필요로 합니다. 직원들이 수학적인 분석을 해온다면, 리더가 최종 의사결정을 할 때는 인문학적 소양이 필요하다는 거죠.

부하 직원들의 마음을 읽는 리더십은 선천적으로 타고나나요? 후천적으로 배우는 것인가요?

교육과 훈련으로 키워지겠죠. 스물아홉의 청년 알렉산더가 감성적 리더십을 발휘할 수 있었던 것은 인문사회학의 대가 아리스토텔레스로부터 배웠기 때문일 것입니다. 아리스토텔레스를 가정교사로 모시고 4년간 공부했다는 이야기가 플루타르코스Ploutarchos[83]의《영웅전》에 나와요.

인문사회학의 힘은 이렇게 막강합니다. 동양의 인문사회학 대가 공자도 '民無信卽不立(백성의 신뢰를 잃으면 아무것도 할 수 없다.)'고 가르치셨죠. 이 가르침은 약 2500년이 지난 오늘날에도 정치·경제·사회의 모든 영역에서 절대적 진리로 통하고 있습니다.

그렇다면 선생님은 가장 뛰어난 경영자로 누구를 뽑으시는지요?

1999년 12월에 20세기를 보내면서 세계 언론들이 '20세기에

---

83 그리스의 철학자·전기 작가(46?~120?). 플라톤학파에 속한다. 저서에《영웅전》,《윤리론집》등이 있다.

존재한 가장 위대한 경영자는 누구인가?'를 묻는 설문을 실시한 적이 있습니다. 여기에서 미국 포드자동차회사의 헨리 포드Henry Ford가 선정됐던 게 기억납니다. 그는 '기업은 사회봉사 기관'이라는 것을 경영 이념으로 삼았는데요. 당시는 부유층만이 자동차를 살 수 있던 때였는데, 대량생산 방식으로 비용 절감을 해서 대중용 자동차를 생산합니다. 부자가 아닌 일반인도 자동차를 소유할 수 있는 시대를 창조했죠.

우리나라에도 뛰어난 경영자들이 여럿 있으나 단 한 명을 꼽으라면, 고등교육이나 선대의 유산상속 없이도 자신의 노력으로 세계적 기업을 일군 정주영 현대그룹 회장입니다.

지금 우리나라 재계 서열 1위는 삼성그룹입니다. 창업자인 이병철 회장(1987년에 향년 77세로 작고)은 어떻게 생각하세요?

해방 이후 농사 짓다가 부모 몰래 소 판 돈으로 1947년에 현대토건사를 세워 건설, 자동차, 조선과 같은 중공업에 모험적인 투자를 했던 현대의 정주영 회장에 비해, 재력이 있어서 몇 차례 사업을 했던 삼성의 이병철 회장은 일제강점기인 1938년에 삼성상회를 세워 국수, 제당, 모직과 같은 안전한 경공업 위주로 사업을 확장했죠.

지금의 글로벌 삼성을 키운 건 이건희 회장(2020년에 향년 78세로 작고)의 1993년 '신경영 선언' 이후 보여준 '마누라, 자식 빼고 다 바꿔!'라는 혁신과 경영 능력이 탁월했기 때문이라고 봅니다. 재계 1위였던 현대를 제치고 올라선 것도 2001년의 일입니다.

아버지가 준 돈으로 상점을 했던 LG의 구인회 회장(1969년에 향년 62세로 작고)도 해방 이후 1947년에 락희화학공업사를 세워 화장품, 치약으로 시작했습니다. 하지만 '개척 정신'의 경영 이념답게 플라스틱, 연고 치약, 국산 라디오, 흑백텔레비전, 합성세제 등을 우리나라 최초로 생산할 정도로 도전적이었죠.

2000년까지 국내 4대 재벌하면 현대, 삼성, LG(옛 럭키금성) 그리고 대우였습니다. 대우는 창업도 1967년으로 늦었고 대우실업은 무역 수출을 주로 했습니다. 창업자도 한성실업 샐러리맨 출신이라는 독특한 이력을 갖고 있는데요. 바로 김우중 회장(2019년에 향년 83세로 작고)입니다.

그분이 손위 처남이라면서요?

대학교 다닐 때 한성실업이란 곳에서 기업체 최초로 대학생 장학금을 줬는데, 그 장학금을 내가 받았어요. 당시 김우중 회장이 대우를 세우기 전에 한성실업에서 부장으로 근무하면서 장학금을 담당했어요. 김 회장의 모친, 지금은 나의 장모님이시죠. 그분이 불러서 갔는데, '내 딸 한번 만나보라.'고 권유해서 결혼까지 하게 됐죠. 그때는 중매를 통해 서너 번 만나보고 결혼을 하던 시절이었잖아요.

당시 김 회장이 대우를 세운 다음에, 대우로 와서 도와달라고 하지 않던가요?

사람이 부족하다며 김 회장이 몇 차례나 심각하게 요청했죠. '내가 한국에서든, 미국에서든 장학금을 받아서 공부한 것을 알지 않느냐? 공부 끝냈다고 기업에 들어가면 어떡하냐? 국가에 기여해야 한다.'는 논리가 합당하니까 거절하고 안 갔죠.

김 회장은 '킴키즈칸'이란 별명이 붙을 만큼 공격적인 경영으로 '세상은 넓고 할 일은 많다'면서 세계무대로 진출했습니다. 대우를 국내 4대 재벌 그룹으로까지 키우고 1999년 대우 회장직에서 내려올 때까지 한 시대를 풍미한 기업가인데요.

IMF 외환 위기를 넘지 못했죠. 좋게 말하면 앞만 보며 30년간 사업을 확장했다지만 뭐, 남들이 안 들어가는 데 투자하고 과잉투자를 하다가 망한 것이죠.

국가 경영자로서 박정희 대통령은 어떻게 보세요?

박정희 대통령이 정당하지 않은 군사 쿠데타로 정권을 잡은 열등감이 경제 발전을 이끌었다고 봐요. 국민들의 보릿고개를 없애기 위해 통일벼를 개발하도록 지시하고, 경부고속도로를 2년 반 만에 건설한 것을 보면서 그런 생각이 들었어요. 지도자에게 가장 필요한 덕목은 권력을 잡았더라도 '오만하면 절대 안 된다. 올바른 판단력이 필요하다.'는 얘기입니다.

말씀하신 대로 한국은 1970년대 초까지만 해도 보릿고개를 겪었던 가난한 나라였습니다. 하지만 지금은 '한강의 기적'을 통해 개발도상국에서 선진국으로 발돋움하고 있습니다.[84] 이럴 때 국민, 기업 그리고 국가에게 필요한 패러다임은 무엇이 있을까요?

물질적 차원의 선진국 개념을 넘어서서 이제 정신적 차원의 선진국으로 가기 위해 노력해야 합니다. 정신적 차원의 선진국이란 도덕성 같은 정신적 가치를 중시하는 나라를 의미하죠. 예전에 '너 죽고, 나 살자'라는 마음으로 경쟁해왔다면, 이제는 '너 살고, 나 살자'라는 공생共生과 상생相生의 주고받음 마음으로 고쳐먹어야 해요.

마지막 질문으로, 인생을 살면서 회한이 드는 것은 없었나요?

젊었을 때 독일어에 너무 투자한 게 아닌가 생각이 들어요. 독일에 가서 학회를 하는데, 모두들 독일어 대신 영어로 대화를 하더라고요. 하하. 미국에서 공부할 때도 책만 파고들었지, 사람을 더 사귀며 회화를 더 하고 했으면 좋았겠다는 생각도 듭니다.

그러면 인생을 살면서 드는 새로운 관점 같은 것은요? 선생님은 《삶

---

84 유엔무역개발회의(UNCTAD)가 2021년 7월 한국을 선진국으로 공식 인정했다. 이로써 한국은 1964년 UNCTAD 설립 이후 개도국에서 선진국이 된 최초의 국가가 됐다.

정신적 차원의
선진국이란 도덕성 같은
정신적 가치를 중시하는
나라를 의미하죠.
예전에 '너 죽고,
나 살자'라는 마음으로
경쟁해왔다면, 이제는
'너 살고, 나 살자'라는
공생共生과 상생相生의
주고받음 마음으로
고쳐먹어야 해요.

의 정도》에서 무위자연의 노자老子를 인용하셨어요.

노자를 연구하면서 이런 생각을 하게 됐죠. '사람들이 화가 날 때 자기 마음속에 있는 하고 싶은 모든 말을 다 쏟아내면 단기적으로는 속이 시원하겠지. 하지만 시간이 흐르면서 내가 그때 왜 내 언어를 좀 더 절제하지 못했나 하고 후회할 것이다.' 사람들이 화풀이를 위해서 하고 싶은 말을 다 쏟아낸 것을 '실實'이라 부르고, 다 말하지 않고 남겨둔 공백空白 혹은 여백餘白을 '허虛'라 부른다면, 그것은 노자가 중시한 '허'에 해당할 것이라는 뜻이죠.

요즘도 공부하시는 게 있나요?
한국 발전론을 계속 연구하고 있어요.

자연과학과 인문학을 두루 섭렵한 선비 같은 노학자는 삶에서 지식을 바탕으로 한 지혜를 강조한다. 사이클로이드 곡면의 힘처럼 기초 경쟁력을 쌓아서, 큰 목표를 이루라는 것이다. 알렉산더 대왕처럼 인문학을 배워 감성적 리더십, 즉 높은 자리에 오를수록 낮은 사람을 배려하는 인성을 갖출 것을 노학자는 당부했다. 특히 복잡할수록 단순하게 살라는 지혜는 개인과 사회에 모두 필요한 말이다.
공부를 평생 해오고도 아직도 연구 집필하는 노학자의 자세는 후학들에게 귀감이 되고도 남는다.

예술이 우리를
구원할 거예요

이어령 문학평론가

이어령 문학평론가

1933년 충남 아산에서 출생했다. 서울대학교 국문
학과를 졸업하고 동 대학원에서 철학 석사 학위를
받았다. 이후 단국대학교 대학원에서 국어국문학
박사 학위를 받았다.
문학평론가, 작가, 논설위원으로 활동하면서 이화
여자대학교 국어국문과 교수를 지냈다. 1988년 서
울올림픽 개·폐회식을 총괄 기획했다. 초대 문화부
장관, 새천년준비위원장, 한중일비교문화연구소 이
사장 등을 역임했다.
지은 책으로《저항의 문학》,《흙 속에 저 바람 속에》,
《축소지향의 일본인》,《디지로그》,《지성에서 영성
으로》,《생명이 자본이다》,《거시기 머시기》 등의
논픽션과 에세이가 있으며, 소설《장군의 수염》, 시
집《어느 무신론자의 기도》, 희곡과 시나리오《기적
을 파는 백화점》,《세 번은 짧게 세 번은 길게》 등 분
야를 가리지 않고 160여 권의 저작을 남겼다.
2022년 별세했다. 이 책의 원고는 저자 생전에 이뤄
진 인터뷰의 내용을 정리한 것이다.

앞선 다섯 번의 인생 수업 인터뷰를 통해 우리는 '인간과 인간을 둘러싼 세상'에 대해 천문학, 의철학, 뇌과학, 칸트철학, 경영과학 등 자연과학 사회과학 인문학 분야의 대가들과 함께 통찰해봤다.

마지막 인생 수업 인터뷰의 주제는 '생명'이다. 생명은 사람이 살아서 숨 쉬고 활동할 수 있게 하는 힘이자 인간이 인간으로 존재할 수 있는 가장 중요한 요건일 것이다. 우리나라 대표 지성인으로 꼽히는 이어령 문학평론가와 함께 그 '생명'의 의미를 인문학적 관점에서 탐구해본다.

그는 이 책에 등장하는 여섯 인터뷰이 중에서 유일하게 산책을 즐기지 않는다. 대신에 아침에 일어나서 또 자기 전에 하루 두 번, 1~2시간씩 뇌 호흡을 통한 기 명상을 한다.

이 책의 인터뷰 방식이 산책인 만큼, 북한산 기슭을 잠깐 올랐다가 둘레길 근처에 있는 한중일비교문화연구소로 산책 겸 이동해서 대화를 나눴다. 그는 말을 한번 시작하면 10분 넘게 청산유수처럼 이야기를 풀어냈다. 중간에 준비한 질문을 하기가 난처할 정도였다.

이 책의 원고를 정리하는 동안 이어령 선생은 암 투병 끝에 향년 88세의 일기로 별세했다. 이 지면을 빌려 다시금 삼가 고인의 명복을 빈다. 그의 지성과 영성을 접할 수 있었던 인터뷰 당시의 모든 언어와 숨결이 아직도 생생하다.

산책을 자주 하시나요?

(숨이 찬 듯) 오랜만에 나오니 힘이 드네요. (평창동) 동네 길을 집사람과 아주 가끔 걸어봤죠. 북한산에는 근처 완만한 길만 가봤는데, 요즘은 안 가요. 바로 근처에 이렇게 멋진 코스가 있네요. 앞으로는 자주 와봐야겠어요.

북한산이 멋있죠? 소를 힘 있게 그렸던 화가 이중섭李仲燮[85]은 바위가 나온 한국의 산이야말로 골격이 있는 산이라고 했죠. 서양의 산은 나무가 많기 때문에 살이 쪄서 골격이 안 보인다고 하면서요. 한국전쟁 직후 한국의 민둥산을 멋지게 표현한 것이죠. 서양은 나무숲 'woods'이고, 한국은 꼭대기에 암석이 있는 산 'mountain'이죠.

산책을 잘 안 다니시면, 건강관리는 어떻게 하세요?

'내년까지 살겠다' 하는 사람한테나 헬스지, '오늘까지 살았

---

[85] 서양화가(1916~1956). 호는 대향(大鄕). 야수파의 영향을 받았으며 향토적이고 개성적인 그림을 남겼는데, 우리나라에 서구 근대화의 화풍을 도입하는 데 공헌하였다. 생활고로 그림 그릴 종이가 없어 담뱃갑 은종이에 많이 그렸는데, 예리한 송곳으로 그린 선화(線畫)는 표현의 영역을 넓혔다는 평가를 받는다. 작품에 〈소〉, 〈흰 소〉, 〈개〉 등이 있다.

다' 하는 사람한테는 헬스가 뭐가 필요해요? 예전에는 골프를 쳤는데, 요즘은 기 명상을 하죠. 선禪이나 새벽 기도 하는 것처럼 하죠. 일어나서 한 번, 자기 전에 한 번. 하루에 두 번 해요. 방에서 하는데, 한 번에 2시간 가까이 해요. 잘되면 1시간이면 되고요. 가만히 있는 거예요. 바닥에 책상다리를 틀고 앉아서 명상을 하죠.

명상을 할 때 화두를 던지시나요?

생각을 하면 안 돼요. 완전히 비우면 들어오죠. 기氣가 쫘아악 발끝까지 들어와요. 복식腹式호흡을 안 하고 뇌 호흡을 하죠. 숨을 거의 안 쉬고요.

모든 게 굉장히 맑아져요. 30분 했다가 1시간 했다가 점점 길어져요. 그럼 무아경無我境에 들어가요. 보통 때는 상체를 못 굽히는데, 기가 들어오면 납작 엎드려져요. 이렇게 (허리를 굽히며) 머리가 아래에 닿아요. 쫙 달라붙어요.

선생님의 통찰력은 명상에서 온 것인가요?

어려서 《천자문千字文》[86]을 배울 때 '하늘 천, 따 지, 검을 현, 누를 황' 하는데, '왜 하늘이 파란데 검다고 하나요?'라며 서당 선

---

86 중국 양나라 주흥사(周興嗣)가 지은 책. 사언(四言) 고시(古詩) 250구로 모두 1000자(字)로 되어 있으며, 자연현상으로부터 인류 도덕에 이르는 지식 용어를 수록하였고, 한문 학습의 입문서로 널리 쓰였다.

생님한테 질문했다가 혼났지요. 하하. 항상 이런 의문을 품었어요.

형제(5남2녀 중 막내)가 많아서 어렸을 때부터 대학생 형들의 대화에 끼었어요. 그러니까 조기 교육을 하지 말고, 제 머리로 생각하게 만들어야 합니다. 나는 절대 머리 좋은 사람이 아닙니다.

교육을 가르치는(teaching) 게 아니고 배우는(learning) 쪽으로 초점을 되돌려야 합니다. 성서에 기막힌 말이 있어요. '빵을 달라는 사람한테 누가 떡을 주며, 생선을 달라는데 누가 뱀을 주느냐?'고 했어요. 학생들이 목말랐을 때 물을 줘야지, 배부를 때 물을 주면 물고문이죠. 하하.

티칭에서 러닝으로 바꾼 뒤에는 선생과 학생이 함께 생각하고(thinking), 마지막으로 창조하는(creation) 단계로 가야 합니다. 국가가 경제적·군사적으로 앞서가기 위해서든, 개인이 성장을 하기 위해서든 창조력이 매우 중요합니다. 그래서 2009년에 내가 각계각층 인사를 멘토로 참가시켜 창조학교를 가장 먼저 만들었어요. 멘토와 멘티 제도도 내가 만든 것이죠.

티칭 방식에 어떤 문제가 있었나요?

옛날에는 역설적으로 러닝을 했어요. 서양이나 동양이나 모두 선생과 학생이 문답을 하면서 배웠어요. 대량생산을 하는 산

교육을 가르치는(teaching) 게
아니고 배우는(learning) 쪽으로
초점을 되돌려야 합니다.
티칭에서 러닝으로 바꾼
뒤에는 선생과 학생이 함께
생각하고(thinking), 마지막으로
창조하는(creation) 단계로 가야
합니다.

업혁명 시대를 맞아 일하는 공장 노동자나 경리를 빨리 양산해야 했으므로 칠판에 적고, 가르치는 티칭 방식을 쓴 것이죠.

자기도 감동을 안 하면서, 콘텐츠도 없는데다가 들은 애기만 전하는 우리 정치가들의 연설을 한번 보세요. 미국에서 '위기는 기회'라고 케네디John Fitzgerald Kennedy[87] 대통령이 얘기하자 우리는 제 머리로 생각을 안 하고 그대로 옮겨요.

나처럼 독학하라는 얘기도 아니고요. 정말 독학만 했으면 이렇게 됐겠어요? 정규로 학교를 나와 박사라고 하니까, 책을 써도 '그런가 보다' 하죠. 만약 계룡산에서 나와서 책을 쓰면 누가 읽겠어요? 하하.

어느 독자가 선생님의 책을 읽으면서 의문을 갖는다면 어떠신가요?

그게 좋아요. 크리에이션creation을 하면 최고예요.

건강 이야기로 돌아와서요. 정신적인 건강과 육체적인 건강의 조화에 대해 요즘 사람들은 많이 이야기합니다.

나는 지금까지 일찍 죽는 줄 알고 살아왔어요. 좋아하는 시인 이상李箱[88] 같은 사람들이 다 일찍 죽었죠. 거꾸로 싫어하는 톨스토이Lev Nikolaevic Tolstoy[89]는 오래 살고요. '아이고, 상상

---

87 미국의 제35대 대통령(1917~1963). 민주당 출신으로 1960년 최연소 대통령이 되었으며, '뉴 프런티어 정신'을 제창하였고, 쿠바 사태를 해결하였다. 댈러스에서 유세 도중 암살되었다.

력도 없는 사람이 오래 사나?' 하고 생각했죠. 건강해야 한다 거나 오래 살아야 한다고는 거의 생각을 안 했어요. 애들도 자라고 나도 나이를 먹기 시작하면서도 '아, 내가 지금 죽으면 할 일이 남아 있는데, 이건 안 되겠구나. 오래 살아야지.' 하고 생각하지 않았어요.

대개의 사람들은 오래 살고자 노력하는데요.

나는 '해야 할 것을 지금 해야겠구나.' 하며 쫓기듯이 살았어요. 매일 오늘이 마지막이라고 생각했죠. 애들을 위해서 물질적으로 해줘야 했고, 머릿속의 일도 해야 했고요. 80살까지 건강하게 살겠다고 하면 남들은 나처럼 살지 않죠. '그만큼 했으면 됐지, 그 나이에 뭘…' 이렇게 생각하겠죠.

하지만 내가 80대 나이까지 활동하니까, 국민의 퇴직 연한을 80대까지 연장시켰어요. 교수는 정년 65세에 끝났는데도 20년 더 활동하고 있죠. 내가 엉터리여도 보람이 있어요.

---

88 시인·소설가(1910~1937). 본명은 김해경(金海卿). 초현실주의적이고 실험적인 시와 심리주의적 경향이 짙은 독백체의 소설을 써서 문단의 주목을 받았다. 작품에 시 〈오감도〉, 소설 〈날개〉, 〈종생기(終生記)〉, 수필 〈권태〉 등이 있다.

89 제정 러시아의 작가·사상가(1828~1910). 귀족 출신이었으나 유한(有閑) 사회의 생활을 부정하였으며, 구도적(求道的) 내면세계를 보여 주었다. 작품에 〈유년 시대〉, 〈안나 카레니나〉, 〈전쟁과 평화〉, 〈부활〉 등이 있다.

평창동에는 언제부터 사신 거예요?

셋방살이부터 시작해 서울 용산 삼각지에 연립주택 같은 적산 가옥을 처음 샀었죠. 그때《흙 속에 저 바람 속에》란 책을 썼고, 조금 수입이 생겨서 신당동으로 이사해서 계속 살았어요. 나중에 다시 성북동으로 이사 왔는데, 삼성출판사에서 월간지《문학사상》을 대신 하라고 해서 돈을 마련하기 위해 겸사겸사 성북동 집을 팔았어요.

1970년대 초인데, 평창동에 땅을 사서 집을 지었어요. 요즘이야 뭐 부촌이라고 하는데, 그때는 '김신조 루트[90]'라고 해서 땅값이 엄청 쌌어요. 전화, 전기, 수도도 안 들어왔죠. 사람들은 늘어난 가족들의 거주를 위해 대개 큰 집으로 이사 가는데, 나는 책도 많고 서고가 필요해서 큰 집으로 이사한 거죠.

그때 평창동은 아무도 오지 않는 사막 같은 데였어요. 우리 가족이 혈혈단신으로 왔죠. 당시에는 글 쓰는 집이라서 강도도 안 들어왔어요. 들어와도 좀도둑뿐이었죠. 우리 애들이 집까지 걸어서 올라 다니느라고 고생했어요.

집을 짓고 나서도 돈이 남았죠. 그 돈으로 문학사상 출판사를 인수해서 직접 경영했는데, 나름 성공했어요. 내가 사업을 안 해서 그렇지 하하, 계속 했으면 성공했을 거예요. 당시《문학

---

90 1968년 1월 21일 김신조 등 북한 무장공비들이 청와대 기습을 시도했던 길. 북한산 지맥인 백악산은 청와대 뒤편으로 이어진다.

사상》의 고정 독자가 7만 명이나 됐거든요.

한번 시내에 나가려면 여간 힘든 일이 아니겠어요?

나는 그때 이미 자가용을 타는 1호 문인이었죠. 일본에서 만
든 크라운이었어요. 운전기사를 뒀죠. 아직까지도 내가 운
전을 못해요. 처음에는 자가용 굴린다고 다른 사람들이 시기
심을 갖고 적대시했지만, 지금은 그런 대상이 되나요? 경제
수준이 높아질수록 의식도 높아지는 것이죠.

지금의 빈부 격차도 마찬가지예요. '뱀 대가리가 강을 건너면
꽁지도 건넌다'는 얘기입니다. '사회 일체'가 되면 나의 부가
너의 부이고, 너의 가난이 나의 가난이에요. 머리하고 꽁지하
고 서로 싸우면 뱅글뱅글 돌기만 하죠. '넌 왜 꽁지냐?', '넌 왜
머리냐?' 하고 싸우면 강을 건너지 못합니다.

무슨 의미인가요? 이해를 시켜주시죠.

우리나라의 비극이죠. 공부를 많이 한 이들도 남의 이론으로
남의 이념을 보는 거예요. 우리는 좌우 논쟁이 심해도 자기
머리 좌左, 자기 머리 우右가 없어요. 남들이 말하는 좌와 우가
편을 갈라서 붙는 것이죠. 진짜 좌와 우가 있다면 이렇게 싸
우지 않아요. 중심을 잡기 위해 서로 보완하지요.

근대의 3개 혁명이 있죠. 사회주의 국가를 만든 '볼세비키의
11월 혁명[91]', 자본주의 경제를 만든 '유럽의 산업혁명[92]', 제

2차 세계대전과 유대인 학살을 일으킨 '히틀러의 제3제국 민족주의 혁명[93]'이 모두 '유물론唯物論[94]'에서 나왔어요. 그래서 내가 기독교 신자가 된 거죠. 근대 서구의 과학주의科學主義[95]가 가장 많이 잃은 것이 '사람'이고 '생명'이에요.

우리나라도 유럽의 산업혁명처럼 산업화를 통해 혁명에 가까운 경제성장을 했는데요. 요즘은 자본주의 개념이 바뀌고 있나요?

우리나라가 근대화하면서 이룩한 굴뚝 경제인 산업자본주의

---

91 1917년 11월에 러시아에서 일어난 프롤레타리아 혁명. 레닌이 지도하는 볼셰비키가 주동이 되어 페테르부르크에서 무장봉기하여 전국에 파급되었다. 그 결과 케렌스키의 임시 정권이 무너지고 세계 최초의 사회주의 국가인 소비에트 정권이 수립되었다.

92 18세기 후반부터 약 100년 동안 유럽에서 일어난 생산 기술과 그에 따른 사회 조직의 큰 변화. 영국에서 일어난 방적 기계의 개량이 발단이 되어 1760~1840년에 유럽 여러 나라에서 계속 일어났다. 수공업적 작업장이 기계 설비에 의한 큰 공장으로 전환되었는데, 이로 인하여 자본주의경제가 확립되었다.

93 혁명이라기보다는 '국가사회주의독일노동자당(National sozialistische Deutsche Arbeiterpartei)', 즉 나치의 출현을 말한다. 1919년에 결성되어 반민주·반공산·반유대주의를 내세운 독일민족지상주의와 강력한 국가주의를 바탕으로 1933년에 정권을 잡고 독재 체제를 확립하였으며, 1939년 제2차 세계대전을 일으켰다.

94 만물의 근원을 물질로 보고, 모든 정신 현상도 물질의 작용이나 그 산물이라고 주장하는 이론. 이 학설은 고대 그리스의 원자론에서 비롯하였으며, 근대의 기계적·자연과학적 또는 변증법적 유물론에 이르렀다.

95 자연과학적 지식이 유일한 참된 지식이며, 과학적 방법만이 올바른 방법이기 때문에 모든 지식이 이를 모범으로 삼아야 한다는 주장.

[96]하고, 금융자본주의[97]는 아주 달라요. 제조업에서는 돈과 실물이 비슷했어요. 그런데 1968년부터 '카지노자본주의'란 말이 등장했는데, 한마디로 '돈 놓고 돈 먹기'예요. 돈이라는 게 교환 수단이잖아요. 돈으로 물건을 사는 것이죠. 돈 자체는 교환할 때 가치가 있어요. 돈을 은행에 맡기고, 적절한 데 투자를 하면 됩니다. 한국 돈을 갖고 물건을 사기도 하죠. 그런데 달러가 오를 것이라고 예상해 노력과 상관없이 돈으로 돈을 사요. 이게 카지노자본주의예요.

지금까지는 착취를 하든 안 하든 뭘 만들어왔지만, 돈이 교환 대상이 아닌 목적이 되어버렸어요. 돈을 사고 파는 금융자본주의이거든요. 주식을 사면 생산 자금으로 쓰이는 게 아니고, 상관없는 수십 배의 돈이 허공에서 돌고 있고요. 종이돈이 있느냐 하면 그것도 아니고, 계수計數적으로만 왔다 갔다 해요. 그나마 케인스John Maynard Keynes[98]가 말하는 '미인 투표'처럼 내가 원하는 데 투자하지 않고, 남들이 투자할 것으로 생각되

---

96   자본주의 발전 과정에서 산업자본이 사회경제의 주축이 되는 단계의 자본주의. 영국을 비롯한 구미 선진국은 산업혁명을 거쳐 19세기 중엽부터 말기에 걸쳐 이 단계에 도달하였다.

97   자본의 소유와 기능이 분화됨에 따라 신용이 큰 구실을 하고 은행이 산업을 통할(統轄)하여 모든 산업자본과 긴밀히 융화된 은행자본이 경제를 지배하는 자본주의 단계.

98   영국의 경제학자·언론인(1883~1946). 관리통화제도를 제창하였으며, 세계 대공황의 경험을 바탕으로《고용·이자 및 화폐의 일반 이론》을 써서 '케인스 혁명'으로 불릴 정도의 커다란 반향을 일으켰고, 케인스학파를 낳게 하였다.

는 데 투자하는 다른 형태의 미인 투표[99] 같은 것이죠.

그것만 해도 괜찮아요. 지금은 IT(정보통신기술)가 되니까, 파생 상품과 금융 공학으로 들어가면 전문가들도 몰라요. 컴퓨터만 알아요. 지금 밑지는지, 돈을 버는지, 언제 망하는지도 모르는 고도의 금융 공학이에요. 컴퓨터가 있으면 공황이 안 온다고요? 1930년대 대공황은 투자·공급의 과잉이 원인인데, 정보가 부족해서 불황이 발생했죠. 그래서 불황 없는 자본주의를 정보자본주의라고 했어요. 냉전이 끝나자 군사정보가 금융 정보로 넘어왔죠. 머리 좋은 NASA(미국항공우주국) 출신이 은행으로 다 갔어요. 금융 공학이 역사상 없었던 컴퓨터로 전 세계 돈 흐름을 잡으니까, 일반 사람은 '내 머리로, 내 노력으로 재산을 불린다'는 생각을 버렸죠. 카지노자본주의가 확산되면서 돈이 혼자 돌아다니고 있는 것입니다.

금융자본주의의 종말을 말씀하시나요?

소디Frederick Soddy[100]는 열역학법칙熱力學法則이 적용되는 이 세

---

99 미인 투표에서 가장 많은 표를 얻은 미인에게 투표한 사람이 상금을 획득한다. 각자의 주관적 판단보다는 보편적인 판단을 좇아 투표를 해야 상금을 획득할 수 있다. 케인스는 이것이 바로 주식시장을 비롯한 금융시장의 본질이라고 봤다.

100 영국의 화학자(1877~1956). 원소의 방사성괴변(放射性壞變)을 입증하고, 동위원소의 개념을 확립하여 프로트악티늄을 발견하였다. 1921년에 노벨화학상을 받았다.

상에는 영구운동永久運動이 존재하지 않는데, 돈만이 무한하다는 것은 이상하다고 했죠. 화폐경제[101]인 금융자본주의는 자연의 물리 질서에 안 맞아 그대로 갈 수 없다고 말했습니다. 물리학자가 간단하게 설명하는 열역학법칙은 '이 세상에 에너지 없이 움직이는 영구운동은 존재하지 않는다'는 것입니다. 사람도 죽고, 물건도 마찬가지죠. 그런데 돈만은 무한하다고요? 화폐경제는 자연의 질서에, 또 물리에 맞지 않습니다.

어떤 노벨상을 탄 사람이 물리학에서 경제학으로 학문을 옮겨와서 '금융자본주의가 그대로 갈 수 없다'고 말했어요. 카지노자본주의에서는 돈 넣고 돈 먹는 투전이 되어버리니까, 이성도 논리도 사회 전체 행복도 상관없어요. 말 그대로 투전자본주의로 돈이 혼자 돌아다니는 것이죠.

많은 사람들이 돈의 노예가 되어버린 것 같다고 말합니다. 우리는 어떻게 이 문제를 타개해야 합니까?

사회환경학자나 심지어 동화 작가들도 '경제문제가 삶의 문제인데, 경제학자들이라고 해서 특별할 수 없다. 우리가 경제를 논하는 경제학자다.'라고 말하면서 무너진 전통 경제학을 대신해 '생명 자본'을 말하기 시작했습니다. 나도 마찬가지죠.

---

101 화폐를 매개로 상품이 교환되고 유통되는 경제.

예술은 생명의 바다

선생님은 《생명이 자본이다》라는 책에서, 산업자본주의와 금융자본주의의 병폐를 지적하면서 돈을 위한 자본주의에서 벗어나 상생을 위한 생명의 자본주의로 거듭나야 한다고 주장하셨습니다.

인간 중심의 생명은 과학이라는 보편성과 물질환원주의와는 다릅니다. 아인슈타인한테 가서 '내가 실연당했는데 죽을까요? 어떻게 할까요?' 하고 물으면 답이 나오나요? 과학이란 인간이 만들어낸 인위적인 환경입니다. 어떻게 생명의 법칙이 과학의 법칙하고 똑같습니까. 과학은 '어떻게'는 설명이 되는데, '왜'는 설명이 안 됩니다. 그래서 모든 가치를 생명 가치 위에다 두자는 것입니다. 이 우주에서 생명을 가진 혹성은 아직까지 지구밖에 없어요. 지구에만 있는 생명의 법칙을 어떻게 전체 우주에 있는 보편적 과학의 질서인 만유인력으로 설명할 수 있나요?

위에서 말씀하신 '생명'의 개념을 자세히 설명해주시죠.

그러면 생명이 도대체 뭐냐? 당나귀와 말이 나오려면 생명체는 생식生殖을 해야죠. 반드시 생명체는 결합을 해야 하죠. 복제 양 '돌리Dolly[102]'를 보면 줄기세포를 복제한 놈은 생명을 낳을 수 없어요. 결합을 하려면 정자가 난자를 통과해야 하는

데, 복제 양은 생명의 '확산'이지, 밑으로 가는 '번식'이 아니죠. 그것은 생명이 아니에요.

또한 생명은 살아 있는 생물뿐 아니라 자연 생명까지 다 포함해서 얘기합니다. 뉴턴은 바보예요. 사과, 달, 우주의 별들이 떨어지는 엄청난 우주의 중력 법칙을 알았지만, 작은 사과씨앗이 중력을 거슬러 하늘로 올라가서 빨갛게 열매로 익는 생명의 법칙은 몰랐습니다. 올라갔으니까 떨어지지, 그냥 떨어지나요? 돌멩이나 책이 떨어진 게 아니잖아요. 생명의 법칙과 물리 법칙을 함께 생각해야지, 물리 법칙만 생각해서 되겠습니까? 인간의 고도 문명이나 생명을 어떻게 과학으로 모두 말할 수가 있습니까? 우주 보편주의가 아닌, 약 45억 년 된 지구에만 있는 생명의 기본을 생각하자는 것입니다.

원래 인간이 언어를 쓰기 전에는 동물이었어요. 언어가 생기면서 뇌의 전두엽이 발달했죠. 사람이 자연의 하나이지만, 독특하게 하나의 문화 문명을 만든 것이죠. 그런데 자연을 생각하지 않고, 인간만이 만든 역사를 쓰기 시작해서 과학을 만들어 물질화하고 화학화했어요. 자연 질서로 보면 지금까지 문

---

102 1996년 영국 로슬린연구소(Roslin Institute)가 양의 유선 체세포를 다른 양의 탈핵 난자에 이식하고 세포 재분열을 유발시킨 후 200번이 넘는 시도 끝에 대리모 자궁 이식에 성공하여 세계 최초로 복제한 포유동물. 이후 돌리는 6마리의 양을 분만하였으나 그중 4마리만 살았고, 조기 노화와 폐질환으로 안락사되었다.

화 문명으로는 설명할 수 없는 게 있습니다. 이 지구에서 진핵세포眞核細胞가 생겼을 때 열역학법칙을 적용하면 불가능합니다. 진핵세포만 생식을 하니까요. 그래서 열역학법칙과 생명의 법칙은 다릅니다. 무슨 의지를 갖고 오늘처럼 진화했지만, 설명이 불가능합니다. 즉 '어떻게'는 설명되는데, '왜'는 설명이 안 돼요.

나는 밥 먹고 배탈 나는 것도, 어떤 장균이 있는 것도 몰라요. 지들이 하지요. 내 몸도 지네들 맘대로 해요, 의사들이나 알지요. 복잡한 내 몸이 내 의지대로 되지 않는 것은 생명의 질서라는 게 있다는 것입니다.

오늘날 인간과의 관계에서 가치가 생기는데, 경제가치가 교환·효용의 가치입니다. 이런 것을 따지지 말고, 이 모든 가치가 고정 가치인 생명 가치 위에서만 있는 것입니다. 생명 가치가 없는데, 무슨 교환가치가 있나요?

그러면 생명 가치는 원래 있던 것인가요? 또 생명자본주의의 주인공은 사람인가요?

새로운 이론이 아니라 원래 있던 것, 즉 잃어버린 것을 되찾는 것이죠. 생명자본주의의 주인공은 사람이 아니죠. 사람이 주인공인 자본주의가 됐으니까 이 모양이에요. 인간만이 살 수 있으면 얼마나 좋아요. 하지만 사람이 살기 위해 자연의 모든 것을 죽였죠.

뉴턴은 바보예요.
사과, 달, 우주의
별들이 떨어지는
엄청난 우주의 중력
법칙을 알았지만,
작은 사과씨앗이
중력을 거슬러 하늘로
올라가서 빨갛게
열매로 익는 생명의
법칙은 몰랐습니다.

예를 들면, 우리가 나무를 살려두고 자본이 됐을 때는 생명자본주의예요. 나무가 번식하니까요. 남이섬 메타세쿼이아가 쫙쫙 올라오니까 관광객을 모으고 돈이 됐죠. 나무를 잘라서 발전하는 것은 물질자본주의죠.

생명자본주의의 주인공은 모든 생명이네요. 의사·교육자·예술가가 생산의 기본이 되면 가난해도 행복한데, 물질이 중심이 되고 마음에 결핍이 있는 한 가난합니다. '생명감, 아! 내가 살아 있다, 기쁘다!' 이렇게 느끼는 사람이 얼마나 돼요? 예전에 떡 감고 붕어 잡고 그 미끈한 촉감, 거기서 오는 생명감과 눈물이 핑 도는 새벽을 경험한 적 있었어요. 이런 것을 생명자본이라고 생각하죠.

그러면 삶의 방식을 바꿔야 하나요?

자연에서 먹고사는 데는 포식捕食, 기생寄生, 공생共生 세 가지가 있습니다. 남을 잡아먹는 게 포식이죠. 회충처럼 기생하는 방법도 있고요. 공생의 경우 식물에도 이끼 같은 게 말라서 포자들이 죽었다가도 살아나죠. 인간도 미토콘드리아 mitochondria[103]라고 전혀 다른 세포가 들어와 있죠. 우리 몸이 하나인 줄 아는데, 미토콘드리아가 들어와서 살았어요. 두 개

---

103 진핵세포 속에 들어 있는 소시지 모양의 알갱이로 세포의 발전소와 같은 역할을 하는 작은 기관. ATP를 합성하고, DNA와 RNA를 함유하고 있어 세포질 유전에 관여한다.

의 DNA, 두 개의 생물이 살고 있는 거예요.

우리가 사회를 포식하는 것처럼 보니까 부익부 빈익빈을, 먹고 먹히는 소위 포식자본주의, 기생자본주의인 착취라든가 귀족제, 군주제처럼 일하는 사람도 따로 있고, 착취하는 것으로 보잖아요.

우리는 공생에 중점을 둬야 하나요?

지구가 탄생하고 대체로 10억 년이 지난 약 35억 년 전부터 생명이 시작되었는데, 지금까지 모든 생물이 진화하면서 포식 중심이었으면 모두 죽었을 것이고, 만약 기생 중심이었으면 숙주가 죽으면 마찬가지로 다 죽었겠죠. 그래서 공생이 생명체의 기본이라는 것입니다. 남이 아프면 나도 아프고, 남이 기쁘면 같이 기쁜 게 공감이죠.

영국 경제학자 애덤 스미스도 '도덕감정' 위에서 자본주의를 얘기했습니다.[104] 진화를 설명할 때 다윈의 '자연선택'이 아닌 '공생'을 주장한 미국 생물학자 린 마굴리스Lynn Margulis는 세계에서 가장 오래된 과학 저널이자 세계 3대 학술지인 《네이처Nature》에서 열일곱 번이나 부정당했지만, 지금은 '세포내공생細胞內共生'이 증명되었거든요. 그가 미국 생물학자 도리언

---

104 애덤 스미스는 《국부론》에 앞서 윤리학서 《도덕감정론》을 발표했다. 그는 이 책에서 사람의 이기심이 아닌 타인과 동감하는 능력을 강조했다. 나의 행복을 위해 남을 불행하게 해서는 안 된다는 게 골자다.

세이건Dorion Sagan[105]과 함께 펴낸 책 《마이크로 코스모스》는 창조론을 거부한 다윈 이후 자연철학사 흐름의 판도를 완전히 뒤바꿨어요.

학문의 세계에서도 이제는 생명 가치, 공생 가치가 가장 중요해진 것이네요.

'거울신경mirror neuron[106]'이 있어요. 원숭이가 다른 원숭이의 행동을 보기만 해도 마치 자신이 그 일을 수행하는 것처럼 반응을 하는 것을 보고 찾았죠. 사람도 친구가 슬퍼하면 내 마음이 아프고, 친구가 웃으면 따라 웃게 되는 등 무의식적으로 모방하고 공감하죠. 스포츠나 드라마를 보면서 몰입하는 이유도 거울신경이 있기 때문이에요.

도덕감정을 무시한 다위니즘darwinism[107]은 강한 자들이 살아남고, 약한 자들은 죽는다는 극히 1세기도 안 되는 자본주의 논리예요.

---

105 세계에서 가장 많이 팔린 과학서 《코스모스》의 저자인 미국 천문학자 칼 세이건(Carl Sagan)과의 결혼 생활에서 낳은 마굴리스의 아들이다.

106 1996년 이탈리아 생리학자 리촐라티가 원숭이의 뇌를 이용해 신경세포의 작용 원리와 구조를 연구하다가 발견했다. 뇌의 신경세포 중에 거울신경이라는 것이 있어 감각기관을 통해 들어온 정보를 마치 거울처럼 비춘다는 이론으로, 이 때문에 타인의 행동과 감정까지 마치 자신이 그렇게 한 것처럼 느낀다는 것이다.

107 자연선택과 적자생존을 바탕으로 진화의 원리를 규명한 다윈의 이론.

원래 러스킨John Ruskin[108]이 《경제학 비판》을 쓴 마르크스보다 더 유명했어요. 이익만을 중요시 여기는 경제학을 비판하고 경제보다 사랑, 생명, 정직이 더 중요하다는 인도주의적 경제학을 발표했죠. 이익을 위한 다툼이 아니라 생명을 존중하고 서로 사랑하고 배려하는 마음이 우리의 삶을 더욱 풍성하게 만들 것이라는 주장이 바로 '생명의 경제학'입니다.

더 거슬러오면 동양의 《주역》에서는 태극이 반으로 갈라진 게 아니었죠. 이놈이 커지면 저놈이 작아지고, 음이 양이고, 상호작용한다고 했어요.

다위니즘은 포식이 아니고 환경에 적응하는 생물은 생존하고, 그러지 못한 생물은 저절로 사라진다고 했는데요.

환경 적응설인데요. 적자생존이라는 얘기는 한편으로는 정글의 법칙이라고 해석되죠. 그런데 다윈의 《종의 기원》을 읽어 보세요. 사실은 사랑이 넘쳐요. 다윈이 원래 그런 사람이 아니었어요. 기독교에 독실했는데, 딸이 죽자 무신론자가 됐죠. 별처럼 온갖 생명들이 모여 신에 가까웠던 게 어떻게 상실되는가 하면 과학주의가 나오면서부터예요. 어떤 생명의 질서

---

108 영국 미술평론가·사회사상가(1819~1900). 예술이 민중의 사회적 힘의 표현이라는 예술 철학에서 사회 문제로 눈을 돌려 당시의 기계 문명이나 공리주의 사상을 비판하였다. 저서에 《참깨와 백합》,《나중에 온 이 사람에게도》등이 있다.

가 아니라 개개인이 우연히 적응하니까, 무의지로 설명이 되지 않으니까요. 이 세상에 일종의 건조한 묘사들이 갑작스럽게 나오게 되죠.

과학주의가 생명을 상실시켰다는 말씀인가요?

다위니즘은 일부는 인정되지만, 그러니까 미국에서 안 가르치려고 하는 거예요. 기본에서는 다윈을 인정합니다. 하지만 과학이 미신이 되어버렸어요. 인간의 보편적 질서를, 인간과의 관계를, 생명과의 관계를 놓치고 있어요. 큰 패러다임을 바꾸지 않으면 안 됩니다. 300년간 지배해온 자본주의는 경제 중심 활동의 하나죠.

그렇다면 패러다임을 어떻게 바꿀 수 있을까요?

예술밖에 없어요. 과학을 뛰어넘는 것이죠. 아름다운 음악을 들었을 때 생명감을 느끼는 것입니다. 미술, 문학도 좋습니다. 과학을 공부했고, 정치와 경제를 해봤다고 해요. 그런 사람한테 삶의 의미가 있나요? 죽기 전에 '삶이 의미 있었다'는 사람은 99% 없어요. 재벌 보고 이 순간에 '당신 삶에 만족해?'라고 물어보면 '골치가 아파. 국세청에서 나왔어.'라고 말할 걸요. 저녁에 아리아aria 오페라 공연을 보고 눈물을 흘렸을 때 살아 있다는 충족감을 느껴요. 삶이 이렇게 아름답고 감동적인 거예요.

예술의 범주인 음악, 미술, 문학은 모두 사람이 만들어냈는데요.

가령 해가 뜨는 순간이라든지, 꽃이 필 때도 아름다움을 느끼죠. 살아 있는 생명체가 흔들림을 갖는 게 아름다움이에요. 기독교에서 간혹 '주여!' 하면서 찬미가를 부를 때 엑스터시ecstasy를 느끼죠. 돈을 주고도 못하는 생기론生氣論[109]이 있었는데, 과학이 부정해버렸죠.

3기 암 환자가 있었는데 죽음을 기다리는 수밖에 없다고 해서 호스피스 도움을 받으며 집에서 모든 것을 정리하고 해가 넘어가는 것을 보고 있었어요. 가망이 없다고 해서 약도 안 쓰고 저녁에 짐을 치우고 죽을 준비를 하고 툇마루에 앉았는데, 석양이 지는 거예요. 너무 아름다웠죠. 여태까지 석양이 아름답다고 생각을 안 했는데, '내가 죽는가?' 하고 생각하더니, 몇 분 뒤면 어두워질 텐데 '내 인생 같구나.' 하고 있었죠. 이때 어린 자식이 '엄마!' 하고 달려오면서 말을 했어요. 엄마 입장에서는 일생 중 가장 중요한 순간이라서 '5분만 참아줄래?' 했더니, 아이가 '엄마만 보면 왜 말하고 싶지?' 하더라는 거예요. 그 순간에 '내 생은 내 것이 아니구나. 내가 죽으면 아이는 누구랑 말하고 싶을까? 생명은 내 것도 아니고, 쟤 것도 아니구나. 모든 생명은 바다처럼 얽혀져 있는 거구나. 살아 있는 한

---

[109] 생명 현상은 물리적 요인과 자연법칙만으로는 설명할 수 없고, 그와는 원리적으로 다른 초경험적인 생명력의 운동에 의하여 창조·유지·진화된다는 이론. 17세기 이후부터 일부 생리학자나 철학자들이 제창하였다.

열심히 살아야지.'해서 석 달 후에 죽을 사람이 3년간 더 살았어요. 의학계에 아직도 전해오는 얘기예요.

자연으로부터의 예술이든, 인간으로부터의 예술이든 예술이 생명의 에너지가 되네요.

생명은 과학, 물질, 단백질화하는 환원주의로는 안 된다는 것이죠. 어린애들이 그림을 그렸을 때 똑같은 물감인데 다 다르게 그리잖아요. 예술 활동을 이등변삼각형처럼 논리로는 해석할 수 없어요. 예술의 세계에는 과학으로 해석할 수 없는 생명감, 존경감, 신비감의 공감대가 있어요. 예술을 통해서 하나가 되죠. 가령 내가 좋은 영화를 보고 나면, 남들보고 보라고 하죠. 돈이 나오는 것도 아닌데요. 생명자본주의는 공생하면서 나눌수록 부자가 되는 기반입니다. 책도 그중의 하나죠. 좋은 글을 읽고 감동을 받으면 마찬가지죠.

독자들이 내 책을 왜 살까요? 소고기를 사는 사람하고 하하, 내 책을 사는 사람하고 동기가 같나요? 공감, 감명, 아름다움은 의식주衣食住에 관련된 게 아니고 진선미眞善美에 관한 거예요. 지금까지 경제학은 전 국민들을, 전 인류를 의식주의 동물들로 타락시켰어요. 옛날에는 노예제라서 노예 자체는 비참했더라도 먹고사는 문제가 아니고 진선미를 향유했어요. 지금은 민주주의로 평등하게 산다면서, 일하면서 진선미로 전 국민이 가지 않아요. 거꾸로 진선미에서 일하는 노동 가치

가령 해가 뜨는
순간이라든지,
꽃이 필 때도
아름다움을 느끼죠.
살아 있는 생명체가
흔들림을 갖는 게
아름다움이에요.

인 의식주에 막혀버렸습니다.

인문학을 해야 한다는 말씀인가요?

거기에 가까운 거죠. 옛날에는 군주가 못된 짓을 했어도 국민들보고 '효도하고 뭐해라' 했죠. 지금의 대통령과 총리는 부국강병에 대해서만 얘기하고, 국민의 생명에는 관심이 적어요. 옛날에는 철인哲人들이 미치광이 소리를 들었지만, 실은 비전을 찾는 것이라서 그랬죠. 지금은 종교도 사이비가 되어서 '거기 가면 점심 준다'고 하니 교회마저도 빵만으로 사는 교회가 됐어요.

자본주의는 서구에서만, 극히 유럽이라는 데서 생겼는데, 인류 전체의 보편적 진리로 운명처럼 받아들이고 있어요. 그래서 내가 '아니다, 다르게 살 방법이 있다.' 과학이나 경제로 증명을 못하니까 '예술'로 보여주겠다는 것입니다.

경제가 우리를 의식주의 동물로 만들었다고 하셨는데, 의식주는 인간 생활의 기본 요소입니다.

물론이죠. 어항 속에 갇힌 금붕어를 생명의 바다로 나가게 하자 이겁니다. 금붕어에서 금은 물질이고, 붕어는 생명이고, 먹는 것인데요. 먹을 수 없는 금붕어를 사치품으로 만들어놓았어요.

또한 생명을 그냥 찾아가는 게 아니고, 생체 기술로 찾아가야 합니다. 옛날에는 벌집에서 물질인 꿀만 훔쳐 왔는데, 지금은 축구 골대의 골네트를 벌집과 똑같은 육각형 모양으로 만들죠. 사각형 모양보다 전체 끈 길이가 짧은데도 강도가 더 세죠. 마찬가지로 생체 기술 지혜를 산업 기술로 옮겨 공생하자는 것입니다.

'생명의 바다'라는 표현이 멋지네요.

여기서 참, 주목할 게 하나 있어요. '추위가 너와 나를 연결한다'는 것입니다. 감각이거든요. 여태까지는 감각을 주관적이라며 무시했죠. 나에게 아름다운 게 남에게도 아름다울 수 없다고요. 이성적이고 지성적인 사고를 해야만 모든 사람에게 보편적으로 통한다고요. 이게 과학적 합리주의라고 생각했죠. 그런데 나는 '아니다. 내 추위는 내 추위다. 하지만 남의 고통은 몰라도 남의 추위는 안다.'라고 말합니다. 죄수가 감방 너머와 통한다고 하죠.

지금까지는 지성만이 공동체를 만들고, 사회시스템을 만든다고 했죠. 하지만 사회주의적 공동체주의자인 푸리에 François Marie Charles Fourier[110]는 아니거든요. 열정과 생명 의지

---

110 프랑스의 사상가(1772~1837). 공상적 사회주의자로 자본주의사회의 모순을 날카롭게 지적하고, 자유로운 생산자의 협동조합인 팔랑지(phalanxes)를 실현할 것을 주장하였다. 저서에 《4운동의 논리》, 《산업적 조합의 신세계》 등이 있다.

를 오늘에 와서 보니까, 푸리에와 생시몽Claude Henri de Rouvroy SaintSimon[111]이 살아나는 것입니다. 공상적 사회주의의 시조라고 사람들이 말하는데, 요즘에는 살아나죠. '추위'가 지성을 뛰어넘는 영성靈性이거나, 지성과는 다르게 느낄 수 있는 생명의 공진共振이라는 것이죠.

문지방 위에 있는 신

이어령 문학평론가는 2007년 실명 위기에 놓인 딸 이민아 목사(첫 남편인 소설가 겸 정치인 김한길과 결혼한 후 미국에서 로스쿨을 다니며 아들을 낳았다. 이혼 후에는 미국에서 검사, 변호사로 활동했다. 그 아들이 죽은 후 2009년 목사가 되었다.)가 시력을 회복하자 그에게 약속한 대로 기독교 세례를 받았다. 세간에서는 무신론자 내지 불가지론자不可知論者[112]인 냉철한 지성인이 어떻게 종교를 받아들였는지가 화제가 됐다.

이후 내면의 변화를 담은 《지성에서 영성으로》라는 책까지 낸 그였

---

111 프랑스의 사상가(1760~1825). 과학자, 자본가, 실업가를 포함한 산업가가 지도하는 새로운 사회 체제를 구상하여 그 실현을 주장하였다. 저서에 《산업론》, 《산업자의 교리 문답》 등이 있다.
112 사물의 본질이나 궁극적 실재의 참모습은 사람의 경험으로는 결코 인식할 수 없다고 주장한다.

지만, 세례 직후 스물다섯 살의 외손자가 갑자기 죽고, 2012년에는 암과 투병하던 딸(향년 54세)까지 숨지자 그의 신앙은 흔들렸다고 한다. 그러나 작고하기 직전 언론과의 인터뷰에서는 지성을 넘어선 영성을 다시 강조했다.

2007년 세례를 받으셨습니다. 갑자기 신에, 기독교에 귀의한 게 뜻밖이라는 반응이었어요.

나도 몰랐는데요. 내가 기독교에다 욕을 했으면서도 기독교에 대한 생각이 있었더라고요. 어렸을 때부터 뭔가 싹트고 있었던 거죠. 하루아침에 되지는 않아요.

세례를 받고 나니까, 삶이 달라졌어요. 생명을 뜻하는 영어 단어의 어원을 보면 'zeo'는 '유기체의 삶'이란 뜻에 가깝고, 'bios'는 '인간'의 개념이 더해져 '삶, 여정, 일생'이란 뜻에 가까워요. 성서를 보면 '이 세상을 다 얻어도 목숨이 없으면 소용이 없느니라.'라는 구절이 있습니다. 나는 목숨이 생물학적 목숨인 줄 알았어요. 기독교를 믿고 나니까, 목숨이란 영성이 영원한 생명을 말하는 거예요. 그 생명을 얻으면 세계보다도 값진 것이죠. 동물적 생명과 다르죠. '네가 죽으면 아무것도 없는 거야.'라고 통속적으로 생각했었는데, 교인이 되어서 성경을 읽으니까 하나하나가 다 달라졌어요.

외손자와 따님이 떠나고 나서는 선생님의 신앙이 흔들렸다고 들었습니다.

손자를 잃었을 때만 해도 '예수님은 죄가 있어 돌아가셨나?'
라고 생각했죠. 아닌 말로 어렸을 때 죽을 수도 있었는데, 하
나님의 보살핌으로 스물다섯 살까지 살았다고 위안을 삼았
습니다.

하지만 딸의 죽음은 달랐어요. 딸이 실명 위기를 극복해 눈을
뜨고 기적이 일어났다고 생각해서 내가 세례를 받았죠. 그런
데 딸이 죽으면서 행복을 빼앗겼다고 생각하니, 가장 먼저 하
나님을 멀리하게 되었습니다. 하나님하고 인간이 단절되어
아무 관계가 없다고 생각했죠. 대기업 회장이 일 열심히 하는
말단 사원을 일일이 모르잖아요. 하나님과 소통이 안 된다고
생각해 3개월 동안 기도도 안 하고, 성경도 안 봤죠.

당시에 하나님을 많이 원망하셨나요?

원망을 하지 않았지만 관심이 없어졌죠. 하지만 교회에 다시
나간 이유는 '딸이 처절하게 죽었나?' 생각하니 그게 아니라
는 거였죠. 암에 걸린 사람 치고, 우리 딸처럼 행복하게 산 경
우는 이 지상에 없죠.

어찌 보면, 다른 의미에서 믿기 시작한 거죠. 딸과의 약속을
통해 할 수 없이 의무적으로 믿기 시작해서 조금씩, 조금씩
들어가는 거예요. 나는 어디 가서 크리스천이라고 말도 못합
니다. 믿는다는 말도 못하죠. 믿음을 향해 가고 있는 내 자신

이 끝없이 탐구하는 존재로서의 신이라고 보면 됩니다. 내게는 아직 문지방 위에 있는 신이지, 문지방을 넘은 것은 아닙니다. 번지점프에서 떨어져야 하는데, 세속적인 끈을 끊지 못하고 있는 것입니다. 떨어지는 절실함이 없어요. 종교인으로서 세속의 끈을 자르면 신이 나타날 수도 있고, 심연 속으로 사라지는데도 끈을 달고 있어요. 허허.

신은 믿음의 대상인가요, 우주 섭리의 주인인가요? 어떻게 생각하세요?

과학자는 신神도 우연이라고 설명하는데요. 의인화가 아니라 인간처럼 지성과 의지를 갖춘 인격신人格神으로 보는 사람도 있고, 기독교에서는 삼위일체三位一體[113]를 말하기도 하지만, 나는 인간이 상상한 게 아닐 수도 있다고 생각해요.

내 마음속에는 항상 '나는 혼자이고, 태어난 게 우연이고, 죽으면 아무것도 존재하지 않는다'는 유물적 생각을 갖고 있었죠. 이런 생각이 그나마 기독교를 믿으면서 없어졌어요. 휴머니즘, 즉 사랑이 허무하지만 가치가 있다고 생각하고, 인간에 대한 믿음, 예술에 대한 믿음이 있다고 생각해요.

---

113 성부(聖父), 성자(聖子), 성령(聖靈)의 세 위격이 하나의 실체인 하나님 안에 존재한다는 교의. 325년 제1차 니케아 공의회에서 정식으로 채택되었다.

내 마음속에는 항상
'나는 혼자이고,
태어난 게 우연이고,
죽으면 아무것도
존재하지 않는다'는
유물적 생각을 갖고
있었죠. 이런 생각이
그나마 기독교를
믿으면서 없어졌어요.
휴머니즘, 즉 사랑이
허무하지만 가치가
있다고 생각하고,
인간에 대한 믿음,
예술에 대한 믿음이
있다고 생각해요.

칸트는 신의 존재를 증명할 수 없지만(순수이성 비판), 신이 있다고 믿는 게 유용하다(실천이성 비판)고 했는데요.

하이네Heinrich Heine[114]는 칸트의 《순수이성 비판》과 《실천이성 비판》에 나온 신에 관한 내용을 이야기로 꾸며냈는데요. 자기가 산책할 때 따라다니는 늙은 하인이 있었는데, 어느 날 "주인님이 '신이 없다'고 말해서, 우리는 뭘 믿고 삽니까?" 하면서 슬피 우니까 그랬다고 하죠. "그러면 '신이 있다'고 해줄게."라고 말했다죠. 농담이죠. 그렇게 쓴 게 칸트의 책이고요.

이상과 현실의 차이인가요?

플라톤도 신을 이상理想국가에서는 추방해야 한다고 말했어요. 하지만 실천하는 국가의 국가론에서는 '신은 실제 가장 좋은 선생이다. 그나마 그것을 통해 이데아Idea[115]를 느낄 수 있다.'고 했어요.

---

114 독일의 시인(1797~1856). 낭만파의 서정시인이며, '청년 독일파'의 지도자로 독일 제국주의에 대항하였다. 풍부한 인간성을 옹호하는 풍자시와, 예민한 감성·근대적인 풍격을 지닌 비평문과 기행문 등의 산문을 남겼다. 작품에 〈하르츠 기행〉, 시집 《노래의 책》, 《독일, 겨울 이야기》 등이 있다.

115 순수한 이성에 의하여 얻어지는 최고 개념. 플라톤에게서는 존재자의 원형을 이루는 영원불변한 실재(實在)를 뜻하고, 근세의 데카르트나 영국의 경험론에서는 인간의 주관적인 의식 내용, 곧 관념을 뜻하며, 독일의 관념론 특히 칸트철학에서는 경험을 초월한 선험적 이데아 또는 순수이성의 개념을 뜻한다.

통찰력이 뛰어난 이어령 문학평론가는 근대 과학주의와 자본주의가 놓친 생명을 주제로 생명자본주의를 주창했다. 개발 문명 위주로 진행되어온 과학과 부에 대해 생명이 숨 쉬는 자연과의 조화를 강조한 것이다. 그는 살아 있는 생명체가 흔들림을 갖는 게 아름다움이라고 말했다. 이 표현은 우리 삶에서 사실적이다. 삶이든 예술이든 살아 있는 생명을 기초로 미적 완성을 추구해야 한다는 생각이 든다.

지성계의 대표인 그는 딸의 발병과 죽음을 전후해 기독교를 경험하는 과정을 겪었다. 인간으로서 번민하는 그의 모습에서 사람은 유리처럼 약한 존재임을 깨닫는다. 우리가 아는 '똑똑한 지성인'이 아닌 딸의 죽음과 부녀간의 스토리를 들려주면서 '눈물을 글썽이는 아버지'의 인터뷰 당시의 장면을 잊을 수가 없다. 애달픈 부정父情을 털어놓으면서였다. 지성과 영성을 논하는 지성인이기에 앞서 한 인간의 지극히 인간다운 모습을 보았기 때문이다.